《乡村振兴战略下宁夏乡村文旅协同发展研究丛书》编委会

主　　任　张仁汉
副 主 任　邹　荣　李进云
成　　员　黑生宝　杨晓帆　吴　楠　李丽娟　官　玲
　　　　　王莲喜　黄顺学　黄浩宇　张　青　李　亮
　　　　　周文君　周　霞　冯晶晶　徐雯雅　邓　娜
　　　　　刘沐言　张绍慧

乡村振兴战略下宁夏乡村文旅协同发展研究丛书　丛书主编　张仁汉

宁夏乡风文明建设与旅游

NINGXIA XIANGFENG WENMING JIANSHE YU LÜYOU

主编　邹荣　　副主编　刘沐言　黑生宝

黄河出版传媒集团
阳光出版社

图书在版编目（CIP）数据

宁夏乡风文明建设与旅游/邹荣主编. -- 银川：
阳光出版社，2021.6
（乡村振兴战略下宁夏乡村文旅协同发展研究丛书/
张仁汉主编）
ISBN 978-7-5525-5990-3

Ⅰ.①宁… Ⅱ.①邹… Ⅲ.①农村－精神文明建设－
宁夏②乡村旅游－研究－宁夏 Ⅳ.①D422.62
②F592.743

中国版本图书馆CIP数据核字（2021）第135028号

乡村振兴战略下宁夏乡村文旅协同发展研究丛书
宁夏乡风文明建设与旅游

邹　荣　主　编
刘沐言　黑生宝　副主编

责任编辑　陈建琼
封面设计　王胜泽　苗亚婳
责任印制　岳建宁

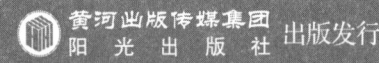
出版发行

出版人	薛文斌
地　址	宁夏银川市北京东路139号出版大厦（750001）
网　址	http://www.ygchbs.com
网上书店	http://shop129132959.taobao.com
电子信箱	yangguangchubanshe@163.com
邮购电话	0951-5047283
经　销	全国新华书店
印刷装订	银川银选印刷有限公司
印刷委托书号	（宁）0021346

开　本	720 mm×980 mm　1/16
印　张	13.25
字　数	200千字
版　次	2021年10月第1版
印　次	2021年10月第1次印刷
书　号	ISBN 978-7-5525-5990-3
定　价	49.80元

版权所有　翻印必究

《乡村振兴战略下宁夏乡村文旅协同发展研究丛书》

总　序

　　穿过乡土与时间的缝隙，在平凡朴实的土地上人文渊薮，千年传承。乡村作为联结历史、文化、情感的综合体，其独特的空间格局、丰富的人文环境，不仅是中华优秀传统文化的重要栖身之所，而且是文化自信浓厚质朴的底色。党的十九大提出实施乡村振兴战略，是以习近平同志为核心的党中央着眼党和国家事业全局，深刻把握现代化建设规律和城乡关系变化特征，顺应亿万农民对美好生活的向往，对"三农"工作作出的重大决策部署，是决胜全面建成小康社会、全面建设社会主义现代化强国的重大历史任务。目前，面对错综复杂的国际形势和艰巨繁重的国内改革发展稳定任务，特别是新冠肺炎疫情的严重冲击，当今世界正经历着百年未有之大变局。随着新一轮科技革命和产业变革的深入发展，我国已转向高质量发展阶段，乡村振兴不仅关系到我国是否能从根本上解决城乡差距、乡村发展不平衡和不充分的问题，而且关系到中国整体发展是否均衡，是否能实现城乡统筹、农业一体的可持续发展的问题，更是关系着全面建设社会主义现代化国家的全局性、历史性任务，应该说，乡村振兴是新时代"三农"工作的总抓手。在此背景下，如何更好地吸取和借鉴人类文明史上的经验教训，以乡村振兴战略作为总要求，减弱城市化和工业化等乡村衰落的诱因，深入探索文旅协同路径中乡村的可持续发展道路，这一问题值得我们思考。

　　自党的十九大以来，紧密围绕农业农村现代化这一伟大目标，以乡村振兴作为重要战略，积极规划构建了一系列方针要求和政策体系，为乡村振兴的实施提供了充分的制度保障。通过党的十九届五中全会、国家"十四五"规划，以及2021年中央一号文件精神在农业农村现代化发展问题上的精耕细化，不仅为我国新发展阶段优先发展农业农村、全面推进乡村振兴作出了总体部署，而且为做好当前和今后一个时期"三农"工作指明了方向。

在繁荣发展文化事业和文化产业，提高文化软实力方面，突出了乡村的重要作用，要积极推动文化旅游融合发展，发展红色旅游和乡村旅游，以讲好中国故事为着力点，创新推进国际传播，加强对外文化交流和多层次文明对话。在此基础上，自治区党委十二届十二次全会更为明确了宁夏农业农村发展的重要性，在优先发展农业农村和全面实施乡村振兴战略的同时，不断夯实农业发展基础，实施乡村建设行动，持续深化农村改革。通过国家之力和宁夏具有连贯性、一致性的政策支持，将为宁夏的乡村沃野更好地实现"产业兴旺、生态宜居、乡风文明、治理有效、生活富裕"的目标提供不竭动力。

"应融则融，能融尽融，以文塑旅，以旅彰文。"近年来，宁夏积极响应国家文旅协同发展的号召，顺应文化旅游协同发展的新趋势新要求，以文化提升旅游品质，用旅游传播宁夏故事，加快全域旅游示范区建设，着力推动经济高质量发展。2017年，宁夏印发《"十三五"全域旅游发展规划》，对全域旅游发展作了详细的意见指导。2018年，伴随着文化和旅游部的正式挂牌，各地开启了文化与旅游协同发展的大幕。在此背景下，宁夏在推动全域旅游和文旅协同高质量发展的进程中，以"全景、全业、全时、全民"的发展思路，加大旅游资源的融合力度，把得天独厚的文化资源转化成独一无二的旅游资源，让"塞上江南·神奇宁夏"的品牌更加亮丽。特别是将现代农业和旅游业相结合，通过一、二、三产业的融合，从客户喜好探寻市场需求，继而通过一、二、三产业的深度融合，把旅游产业做大做强，增加农民就业，促进农民增收，推进农村经济的绿色可持续发展，特别是加快推进文化旅游产业协同发展。在基础设施方面，确保整个旅游的六个要素与整个文化元素相结合，把握住我国大力发展旅游产业的契机，尤其还结合乡村振兴战略，按照"一镇一特色、一地一风情"打造一批旅游村镇，让游客感受六盘山区传统文化，望得见贺兰山、看得见黄河水、记得住塞上江南风情。

截至目前，全国关于文旅协同发展的系统性研究成果十分有限，我区关于本地文旅协同发展的系统性书籍更是同样匮乏，基层工作者和乡村旅游从业者缺少科学有效的理论指南和实践指导。为此，宁夏回族自治区民族艺术研究所（以下简称宁夏民族艺术研究所）专门开展了相关课题研究，组织单位骨干、高校和社科院的专家学者多次奔赴乡村田野进行调研，以全面充实的乡村资料为基础，编撰出版了《乡村振兴战略下宁夏乡村文旅协同发展研究丛书》，这套丛书深层次、全方位地对宁夏在乡村振兴战略引导下发展乡村旅游、依托乡村旅游脱贫致富作了详尽的分析阐述，希望为乡村管理干部及乡村旅游从业者提供科学的理论和实践指导，从而更加科学有效地促进宁夏乡村文旅协同发展，促进人民生活质量的提升。这套丛书内容涵盖了宁夏乡村文化与旅游、宁夏乡村特色文化资源与旅游、宁夏乡风文明建设与旅游、宁夏乡村公共文化服务与旅游、宁夏美丽乡村建设与旅游等，对宁夏的乡村文化和旅游发展进行了细致的梳理，其中还对宁夏的全域旅游、乡村传统文化、旅游发展现状及问题对策、美丽乡村等作了深入的调查研究，是乡村旅游工作者亟须的理论书籍。丛书内容通俗易懂，理论结合实际，图文并茂，并结合案例分析，相信一定能为宁夏乡村旅游发展提供理论指导，推动宁夏乡村旅游业的发展。

在此，感谢参与本书策划、撰稿、编辑出版的各位专家学者，感谢他们为宁夏实施乡村文旅协同发展贡献智慧和力量。

张仁汉

2020年6月

张仁汉，曾任宁夏回族自治区文化和旅游厅副厅长（挂职），现任宁夏广播电视台副台长。

序

党的十九大提出乡村振兴战略，是党和国家重视"三农"问题，推动脱贫攻坚与乡村振兴战略有效衔接，做好脱贫攻坚与乡村振兴的深度融合，是"两个一百年"奋斗目标顺利实现的重要保证。乡村振兴是个系统工程，在"产业兴旺、生态宜居、乡风文明、治理有效、生活富裕"二十字总要求中，乡风文明是乡村振兴在精神层面最直观的表现形式，是乡村振兴的保障。

以实施乡村振兴战略为契机，坚持以社会主义核心价值观为引领，以传承发展中国优秀传统文化为核心，以乡村公共文化服务体系建设为载体，加强农村思想道德建设和公共文化建设，以社会主义核心价值观为引领，深入挖掘优秀传统农耕文化蕴含的思想观念、人文精神、道德规范，培育挖掘乡土文化人才，弘扬主旋律和社会正气，培育文明乡风、良好家风、淳朴民风，推动乡村文化振兴，建设邻里和睦、诚信重礼、勤俭节约的文明乡村。

乡风文明主要表现在农民的思想观念、道德规范、知识水平、素质修养、行为操守以及人与人、人与社会、人与自然的关系等方面继承和发扬民族文化的优良传统。乡风文明建设与乡村旅游发展是相互促进的，发展独具地域文化特色的乡村旅游，提升宁夏乡村旅游产业的文化内涵，就要发挥宁夏民族、民俗、历史的特点，提升旅游从业者的服务能力和综合素质，打造"人好、景美"的和谐乡村吸引游客。加快培育与养成符合现代价值取向的新"乡贤"，凝聚乡村发展的精神力量。乡村旅游的发展，将以"乡愁"的情愫、"田园"的记忆凝聚人心，新旧相融、古今对接，使乡村精神内核更加丰满、神采更加灵动，构筑创新发展的文化空间。让广大村民享受到现代文明丰硕成果的同时，在田园牧歌的情境中延续乡土文化和生命活力。

本书以"宁夏乡风文明建设和旅游协同发展"作为研究对象，从宁夏乡风文明的历史、现状、培育路径、与旅游协同发展等多个维度，全面展示宁夏乡风文明建设过程中的成功经验、存在的问题及发展前景，尤其是乡风文明与乡村旅游协同发展的对策建议，希望对宁夏乡村旅游发展有积极帮助。

邹 荣

2020年9月

目 录

第一章 乡风文明建设的基本概念 / 001
 第一节 乡风文明的内涵 / 001
 第二节 新时代乡风文明的基本特征与建设要求 / 009
 第三节 乡风文明建设的价值 / 014
 第四节 乡风文明建设的作用与意义 / 023

第二章 家风与乡风文明的历史积淀 / 030
 第一节 明理知耻的良好家风 / 031
 第二节 守真向善的淳朴民风 / 041
 第三节 底蕴深厚的乡贤文化 / 047

第三章 宁夏乡风文明建设的现状 / 093
 第一节 宁夏乡风文明建设的基本情况 / 093
 第二节 宁夏乡风文明建设的新风新貌 / 099
 第三节 宁夏乡风文明建设的突出问题 / 105
 第四节 宁夏乡风文明建设的发展方向 / 110

第四章 宁夏乡风文明的培育路径 / 121
 第一节 推行乡村移风易俗 / 121

第二节　创建文明家庭活动 / 135
第三节　培育发展乡贤文化 / 140
第四节　实施文化惠民工程 / 147

第五章　乡风文明与旅游相互促进 / 157
  第一节　乡风文明助推乡村旅游升级 / 157
  第二节　乡愁旅游主导乡村旅游 / 169
  第三节　乡村旅游促进农民富裕 / 180
  第四节　乡风文明与旅游相互促进 / 191

后　记 / 199

第一章 乡风文明建设的基本概念

第一节 乡风文明的内涵

乡风文明并不是一个自古就有的词语,而是两个现有词语的合成。党的十六届五中全会上,乡风文明作为建设社会主义新农村的具体要求被首次提出。随后,党中央、国务院从全局和战略高度出发对乡风文明建设作出了一系列重大决策和重要部署,乡风文明被不断赋予新的内涵。因此,要深刻了解乡风文明的内涵,既要理解乡风文明的本义,也要将其放置在政策语境中进行深入解读,尤其是要分析在不同背景下、不同政策中乡风文明内涵的差异,以深刻理解新时代乡村振兴中的乡风文明,为乡风文明建设奠定理论基础。

一、乡风文明的词源学探析

乡风文明,从字面意思来理解,其侧重点是乡风,落脚点在文明,文明是乡风的发展目标。顾名思义,应指好的乡村风气,好的乡村风尚。为深刻理解乡风文明的内涵,需先从合成这一词语的两个词入手。

关于乡风,在古汉语中就有一定的记载和使用。宋苏轼《馈岁》诗:"亦欲举乡风,独唱无人和。"[①] 清查初白《除夕恩赐羊鹿》诗:"乡风未敢分僚友,

---

① 苏轼:《东坡集》,沈阳:万卷出版公司,2014年,第106页。

家祭先应荐祖宗。"①此处的乡风是指地方风俗。另外,《管子·版法》:"万民乡风,旦暮利之。"②《史记·留侯世家》:"此其君臣百姓必皆戴陛下之德,莫不乡风慕义,愿为臣妾。"③宋王安石《谢林中舍启》:"乡风有年,修问无所。"④此处乡风中的"乡"与"向"通假,其意是趋从教化,指政治上的归顺或对个人的敬仰。再次,《史记·儒林列传》中也曾使用"乡风"一词:"武安侯田蚡为丞相,绌黄老、刑名百家之言,延文学儒者数百人,而公孙弘以《春秋》白衣为天子三公,封以平津侯。天下之学士靡然乡风矣。"⑤此处"乡风"中的"乡"字也与"向"通假,具体含义为趋向某种风气。

概括来说,在古汉语中,"乡风"一词有三种含义,一是地方风俗,二是趋从教化,三是趋向某种风气。"乡风"地方风俗的意义延续使用到了当下,其他意义因通假的方法在现代汉语中不再使用,故而在当下使用中已经较为少见。

文明在古代社会被赋予了各种不同的意义。"文明"一词的用法最早见于《易经》:"见龙在田,天下文明。"唐孔颖达注疏:"天下文明者,阳气在田,始生万物,故天下有文章而光明也。"⑥具体来说,文明就是文采光明的意思。《易经》在《明夷》中还有一处使用"文明","内文明而外柔顺,以蒙大难,文王以之"。⑦这里的文明就是明察的意思。在《易经》中,"文明"一词已然有了分歧,一是就"文"与"明"的字义而来的,二是侧重于"明"的动词用法。到了汉代,《书·舜典》中有"濬哲文明,温恭允塞"。孔颖达疏:"经天纬地曰文,照临四方曰明。"⑧在这里"文明"是指舜的智慧品德,涵盖文化、技术、

---

① 查慎行:《敬业堂诗集》,卷30,第4页。
② 刘枫:《管子·上》,银川:阳光出版社,2016年,第64页。
③ 司马迁:《史记》,北京:商务印书馆,2018年,第149页。
④ 王安石:《王文公文集·上》(卷1—36),上海:上海人民出版社,1974年,第274页。
⑤ 司马迁:《史记·下》,长春:吉林大学出版社,2015年,第819页。
⑥《社会学大辞典》,北京:中国人事出版社,1995年,第435页。
⑦ 林之满:《周易全解》,哈尔滨:黑龙江科学技术出版社,2013年,第74页。
⑧ 李伟民:《法学辞源》,哈尔滨:黑龙江人民出版社,2002年,第664页。

品德等具体内容。焦赣《易林·节之颐》曰："文明之世，销锋铸镝。"①即文教昌明，此处形容的是社会风气。司马光在《呈范景仁》诗中也使用了"文明"一词："朝家文明所及远，於今台阁尤蝉联。"②通俗来说，此处"文明"意为文治教化。归纳来看，在古汉语中，"文明"并不是一个单纯的名词，而是偏正关系的"文"与"明"二字。

在西方，文明（Civilization）一词源于拉丁文'Civis'，其本质含义为人民生活于城市和社会集体中的能力，引申后意为一种先进的社会和文化发展状态，以及达到这一状态的过程，其涉及的领域广泛，包括民族意识、技术水准、礼仪规范、宗教思想、风俗习惯以及科学知识的发展等。③简单来说就是人类创造的物质和精神财富的总和。受这一外来语的影响，到了现代汉语中，"文明"解释为：①文化；②社会发展较高阶段和具有较高文化的；③旧时指有西方现代色彩的（风俗、习惯、事物）。④总的来说，文明一词概念极为丰富，也正是因为文明概念的广泛性，造成了"乡风文明"的意义含糊。

根据上文对"乡风"与"文明"二词本身意义的解释，可见"乡风文明"显然是一个短语。"短语是由语法上能够搭配的词组合起来的没有句调的语言单位，又叫词组。"⑤简单来说，要理解一个短语的含义，在了解组成短语的两个词语的语义的同时，还需要了解二者存在的关系结构，即短语的语法。根据"乡风"的意义来看，它显然是一个名词，而"文明"既有名词的意义也有形容词的含义，这也就使"乡风文明"这一短语出现了两种结构类型，二是两个名词的并列短语，一是名词形容词的偏正结构。结合两个词语的语义以及语法结构，"乡风文明"二则可以理解为"乡风"与"文明"，即

---

① 赵建华：《社会主义核心价值观与中华优秀传统文化传承》，石家庄：河北美术出版社，2016年，第31页。
② 方爱东，王孝哲，刘勇：《社会主义核心价值观基本理念研究》，合肥：合肥工业大学出版社，2015年，第33页。
③ 《社会学大辞典》，北京：中国人事出版社，1995年，第435页。
④ 中国社会科学院语言研究所词典编辑室：《现代汉语词典》，商务印书馆，第1364页。
⑤ 黄伯荣，廖序东：《现代汉语（下册）》，北京：高等教育出版社，2011年，第44-54页。

乡村风气和乡村社会文化发展到较高阶段；一则可以理解为发展到较高阶段、较为先进的、有文化涵养的地方风俗、风气。从实质来看，"乡风文明"的这两种意义解释分别是广义和狭义的解释：广义来讲"乡风文明"不仅包括乡村风气，也泛指乡村文化建设；狭义来讲"乡风文明"就是指乡村的风俗习气，偏向精神文明建设。在新时代、新背景下，我们该如何更为透彻地理解"乡风文明"，这还要结合学界的理论探索和这一词语出现的政策语境来综合思考。

二、乡风文明的学界解读

为更深入透彻地理解"乡风文明"，我们不妨来回顾一下学界对"乡风文明"的界定。

关于乡风的基本内涵，学界也基于不同的理论视角给出多角度诠释和解说。有的学者认为："乡风是由自然条件的不同或社会文化的差异而造成的特定乡村社区内人们共同遵守的行为模式或规范，是特定乡村社区内人们的观念、爱好、礼节、风俗、习惯、传统和行为方式等的总和，是特定乡村社区（村落）文化的总体表现。"[①] 这一论述表明了乡风产生的环境的特定性。也就是通俗所说的"十里不同风，百里不同俗"。也有学者提出："乡风泛指的是一个地方人民的心理特征、生活习惯和文化习性长期积淀而成的精神风貌，包括风气、风俗、风尚，也就是民风民俗。"[②] 这一观点指出了乡风塑造的时间性特征，乡风的形成并不是一蹴而就的，而是某一地区人们经过长期累积形成、共同表现出来的生活习性。还有的学者认为："乡风，就词性本身而言，是指乡村风俗、乡村思想和乡村道德等乡村意识形态。是农民在长期生产、生活中积淀而形成的生活习惯、心理特征和文化习性，反映了当地农民的精神风

[①] 陈勇：《乡风文明及其主体培育研究：围绕上海市金山区、浙江省宁波市江北区的调查与思考》，《上海党史与党建（上海）》，2007年，第40-42页。

[②] 郭剑平：《治理视野下民俗习惯与新乡村建设研究》，北京：中国政法大学出版社，2017年，第97页。

貌。"① 这一论述与贾小利关于乡风的论述有一定相同点，也存在一些差异，其相同之处在于，二者都把乡风看成乡村精神风貌的体现，并且与农民的生活习惯、心理和文化习性相关联。所不同的是，这一论述从意识形态的角度阐释乡风的内涵，实则是狭义的乡风内涵，更加突出乡风的政治作用和功能。

需要注意的是，学者们对乡风的定义均是在"建设社会主义新农村"的政策背景下。党的十九大提出"乡村振兴战略"，在文化维度上将乡村的振兴定标为"乡风文明"后，学界是否对"乡风文明"的基本内涵提出了新的看法？张建伟等学者认为："乡风文明是一个乡村由自然条件和社会文化共同作用，经过几百年甚至几千年来沉淀下来的，能够增强人们对客观事物的适应和认知、符合人类精神追求、能被绝大多数人认可和接受，并一代一代传承的乡村建筑风貌、乡村风气、文化习俗、思维观念、行为方式以及公序良俗的总和。"② 由这一界定可见，在新的政策背景下，一些学者对乡风文明的界定跳出了加强乡村精神文明建设的范畴，扩大到了乡村文化。从实质来看，这一学者所界定的"乡风文明"就是能够被本土居民所认可、传承千年的当地文化。但需要注意的是自古而来的乡风有精华也有糟粕，"乡风文明"却更应该指向优秀传统文化，这才与乡村振兴战略中的"乡风文明"所契合，也与"乡风文明"的词语本义相吻合。

如上所述，相关学者从多个角度对乡风的内涵进行了阐述。但需要注意的是学界的诸多解释对象是"乡风"，而非"乡风文明"。"乡风"是自古有之，在传统社会有它的表现形式，有其合理的、先进的地方，也有腐朽的内容。在当代它也跟随着经济社会的发展而演变，融合进了社会主义先进文化，同时也被市场经济所产生的不良文化、腐朽观念所影响，所以乡风有精华也有糟粕。但"乡风文明"不同，从其词语本义也能看出，它所指的是乡村和

---

① 欧庭宇：《加快新乡村乡风文明建设的思考》，《中国国情国力》，2016年第3期，第56页。
② 张建伟，图登克珠：《乡村振兴战略的理论、内涵与路径研究》，《农业经济》，2020年第7期，第23页。

农民积极向上的精神面貌,优良的文化涵养等。在概念探析时还要注意这一区别。

依据学术界对乡风内涵的阐释和理解,本书认为,乡风文明是指在特定区域内产生的,与社会主义先进文化相契合,被农民所认可的、优良的生活习性、风俗习惯、文化符号、道德品质、伦理秩序等。它体现在乡村生产生活的各个方面,体现在乡村的风俗、民俗及风气中;也体现在农民的精神风貌上,突出表现在农民的思想认识、价值观念、行为取向、生活方式等方面;也是一定区域内人们共同遵守的生活准则、道德传统、习惯和规则约定的反映。同时,作为文化范畴的乡风文明并不是一成不变的,在传统社会有它的形态。在新时代,它必然是与社会主义核心价值观相契合的,适应当代中国乡村发展需求的文化形态。

三、政策语境中的乡风文明

党的十六届五中全会上,乡风文明作为建设社会主义新农村的具体要求被首次提出。随后,党中央、国务院从全局和战略高度出发对乡风文明建设作出了一系列重大决策和重要部署,不断被赋予新的内涵。因此,要深刻地了解乡风文明的内涵,不能从其字面意义进行解读,而要对相关政策进行深入解读,总结其内涵。尤其是要分析在不同的背景下,不同政策中"乡风文明"内涵的差异。

2005年,党的十六届五中全会审议通过了《中共中央关于制定国民经济和社会发展第十一个五年规划的建议》,明确提出社会主义新农村建设的具体要求,"坚持统筹城乡经济社会发展的基本方略,在积极稳妥地推进城镇化的同时,按照生产发展、生活宽裕、乡风文明、村容整洁、管理民主的要求,扎实稳步推进新乡村建设"。[①]"乡风"与"文明"作为国家政策首次被提出,

---

① 中共中央文献研究室:《十六大以来重要文献选编》,北京:中央文献出版社,2011年,第1066页。

乡风文明培育成为新乡村建设的重要内容。

2006年,《国务院关于推进社会主义新乡村建设的若干意见》明确指出:"繁荣乡村文化事业。倡导健康文明新风尚"进一步确定了乡风文明在新农村建设中的战略地位。此时,乡风文明不仅仅与乡村文化有关,它还体现在乡村生活的方方面面,包括文化、风俗、法制、社会治安等诸多方面,乡风文明其本质是乡村精神文明建设的问题;其核心是推动和引导广大农民树立适应建设社会主义新农村的思想理念和文明意识,养成科学文明的生活方式,提高农民的整体素质,培养造就有文化、懂技术、会经营的新型农民;其目标是在乡村营造生气勃勃、富于创造、勇于进取的思想文化环境,营造科学健康、文明向上的社会风貌,为新农村建设提供思想保证、精神动力、智力支持和文化支撑,乡风问题实质是社会风气问题,乡风文明也就是指乡村风气良好。

2008年,《中共中央关于推进农村改革发展若干重大问题决定》中,"加快发展乡村公共事业,促进乡村社会全面进步"的部分中详细阐明了乡风文明建设的具体做法,"坚持用社会主义先进文化占领乡村阵地,满足农民日益增长的精神文化需求,提高农民的思想道德素质。扎实开展社会主义核心价值体系建设,坚持用中国特色社会主义理论体系武装乡村党员、教育农民群众,引导农民牢固树立爱国主义、集体主义、社会主义思想……广泛开展文明村镇、文明集市、文明户、志愿服务等群众性精神文明创建活动,倡导农民崇尚科学、诚信守法、抵制迷信、移风易俗,遵守公民基本道德规范,养成健康文明的生活方式,形成男女平等、尊老爱幼、邻里和睦、勤劳致富、扶贫济困的社会风尚"。

2017年中央一号文件再次指出:"培育与社会主义核心价值观相契合、与社会主义新乡村建设相适应的优良家风、文明乡风和新乡贤文化。提升农民思想道德和科学文化素质,加强乡村移风易俗工作,引导群众抵制婚丧嫁娶大操大办、人情债等陈规陋习。"综合这些政策来看,乡风文明具体包括乡村的思想道德、价值观念、行为规范、村规民约等。

党的十九大报告在乡村振兴战略的总要求"产业兴旺、生态宜居、乡风文明、治理有效、生活富裕的总要求"中再次重申乡风文明，此时所提出的"乡风文明"与之前提出的"乡风文明"，又存在怎样的差异？新时代，乡村振兴战略中的乡风文明是在马列主义文化观、社会主义先进文化的基础上，依据我国建设社会主义新农村建设已经取得的成就以及当下乡风文明的实际情况而提出的，具有全新的内涵。一是新时代的乡风文明是传统与现代的融合。乡风文明不仅要传承优秀的家风、村风，继承和发扬尊老爱幼、邻里互助、诚实守信等优秀传统文化，同时也包含了"五位一体"和"五大发展理念"等文明乡风建设的新内容。二是新时代的乡风文明要实现乡村文化与城市文化的融合。不仅要体现乡村传统民俗、风俗，也要让农民在原有村庄的肌理上享受现代城市文明。三是新时代的乡风文明建设要体现中国文化与世界文化的融合。文化自信，首先要体现在对乡村文化的自信，中国乡村是文化宝库，蕴含着丰富的生态文明理念，中国的乡风文明建设在吸纳世界文明成果的同时也要对世界文明作出贡献。

新时代乡风文明的内涵应是优秀家风、村风、民风，传统美德，传统乡村礼仪秩序与社会主义先进文化、现代工业文明中的先进因素的融会贯通；是乡村文化自信、精神昂扬的基础。由这一内涵可以看出，乡风文明是新时代乡村振兴的重要目标之一，也是新时代党中央对乡村工作的具体指示。

根据上文对乡风文明本义、学界定义以及政策语境中乡风文明内涵的解读，可以看出乡风文明是系统性概念，它泛指乡村优秀传统文化、社会主义先进文化所引领的乡村精神文明建设等，包括农民的价值观念、行为方式和道德准则以及乡村的文化氛围、风俗习惯、民俗遗产等，可以说存在于乡村生活的方方面面。从乡村振兴战略出发，新时代乡风文明建设应该是在社会主义核心价值体系的引领下，在原有乡村肌理的基础上，以社会主义先进文化、现代文明重塑乡村优秀传统文化、伦理道德、理想情操、风俗习惯、行为准则、生活方式等，从而促进乡村文化的繁荣发展。

第二节　新时代乡风文明的基本特征与建设要求

为深化对新时代乡风文明的认识，我们不妨对其基本概念进行提炼，总结新时代乡风文明的特征，并在知悉其特征后，对新时代涵养乡风文明的要求做进一步的探索，为明确乡村振兴战略下乡风文明建设路径提供理论辅助。根据上一节对乡风文明基本内涵的分析，可以总结出新时代乡风文明在具有传统乡风地域性、延续性的基础上，又增添了系统性、积极性、融合性、变化性的特征。

一、地域性

所谓地域性就是指乡风的形成与发展因地而异，可以说这一特征是乡风与生俱来的基本特点。乡风的形成取决于一个地区的自然条件、历史传统和经济文化发展水平，尤其是在传统社会，自然环境对一个地区乡风的形成具有更为明显的影响力，以饮食习惯为例，寒冷、寒湿地区的人们喜食辣椒等辛辣之物，而在温润之地，饮食则偏向清淡。正是"百里不同风，千里不同俗"。时至今日，乡风受经济发展程度的影响越来越明显。在宁夏五市中，经济相对发达地区的乡风文明程度明显高于贫困地区，这符合经济基础决定上层建筑的普遍规律。例如中卫市沙坡头区童家园子，毗邻沙坡头景区，已经形成现代的农家乐式旅游业态。根据马克思对生产方式的论述来看，服务业的产业形态改变了村民传统的生产方式，不仅增加了当地村民的收入，而且直接地改变着村民的精神世界。这种改变通过以下几个方面进行：一是生产方式影响人的生活环境，为发展好农家乐，在政府的帮助下，村民修缮了房屋、改革了厕所，彻底改变了村庄的面貌。二是生产方式改变村民的社会关系。

中卫市沙坡头区童家园子

"人的本质，在其现实性上，是一切社会关系的总和。"① 旅游业打破了童家园子村熟人社会的村社结构，为这个关系场域增加了许多新鲜的、未知的元素——游客，改变着村民的价值观念与思想视野。

二、延续性与变化性

延续性是指一个地区的乡风一旦形成具有较强的传承性和稳定性。尤其在传统社会，小农经济的封闭结构塑造了内卷化的乡村，农民固守土地，形成稳定的村社结构，一村一姓的现象非常常见，这就形成了稳定的文化场域。在自然环境、经济条件、文化发展都变化不大的情况下，乡风也就稳定了下来。同时，乡风包括农民的价值理念、行为准则这些形而上的观念内容，相对于变化的物质来说，它们的变化过程显然更为漫长。另外，因为村民世世代代居住于此，乡风也就在潜移默化中实现了代代传承。即使时至今日，一些传统乡风也延续到了今天，比如，在传统社会时期，南方地区的乡村重宗族，于是形成宗祠祭拜、族长权威等礼仪秩序、风俗习惯。当下，南方的一些乡村仍然保留宗祠，也保留修家谱的习惯。而西北地区深受游牧文化的影响，没有形成强烈的宗族观，至今也可看出在这一

---

① 马克思：《马克思恩格斯全集》（第三卷），北京：人民出版社，1960年，第5页。

方面与南方乡村的差异。乡风在代代延续传承的同时,并不是一成不变的,而是随着区域内政治、经济、文化的变迁而发生改变。随着历史的变迁,辩证地来看,乡风受经济、人文、自然等因素影响,也能动地反作用于这些因素。乡风体现着农民的价值观念、行为方式,是乡村的秩序与规则,它作用于乡村基层治理,也作用于与自然环境的相处模式,更作用于乡村文化的繁荣演变。往微观处看,乡风沉淀在农民的礼节、爱好、观念、风俗、习惯、行为方式上。往宏观处看,乡风蕴含在中国乡村千百年来的演变中。透过乡风我们能看到的是传统文化在乡村的演变与积淀。新中国成立后,社会主义先进文化进入乡村,重塑了乡风中农民的理想信念、价值观念等,使乡风更加科学、更加先进。

三、整体性

进入新时代,乡风文明不再仅仅是乡村的风俗风气,也不仅是乡村的精神文明建设,而是包括精神文明、风俗风气、物质文化的整体。首先,乡风文明包含着农民的理想信念和正确的价值观念,即以社会主义核心价

固原市泾源县大湾乡杨岭村村史馆(邓娜/摄)

值观为引领,"弘扬爱国主义、集体主义、社会主义精神,倡爱家与爱国相统一,让每个人、每个家庭都为中华民族大家庭作出贡献"。新时代乡风文明具有以爱国主义为核心的民族精神和改革创新的时代精神,是强烈的爱国热情和高度的社会责任感,是良好的价值观念和道德操守。其次,乡风文明反映一定区域内农民共同遵守的道德准则,切合乡村实际的规则约定等,具体表现在农民在生产和生活中的社会心理和行为以及一些村规民约中。再次,乡风文明还包括家风和乡村社会风气。家风是社会风气的重要组成部分,可以说千千万万个家风共同营造了乡风,美丽家风是乡风文明的基本因子。培养良好家风,弘扬优秀家训,是近年来乡风文明涵养的"牛鼻子"。此外良好的乡村社会风气是农民思想信念和社会心理的体现和外化,也是乡风文明建设的基本内容。再者,乡风文明包括农民的文明意识。具体来说,包括健康文明的生活意识、法律意识、交通意识、公共意识等,要想让农民享受现代生活的便捷与先进,这些文明意识是必不可少的部分。

固原市泾源县大湾乡杨岭村村史馆展品(邓娜/摄)

最后，乡风文明还包括乡村的物质文化。现代乡村建设是要让农民在原有村落肌理的基础上享受现代文明，要保留"乡愁"。"乡愁"所依存的就是物质文化，包括农耕器具、村落建筑与形态等。只有将这些带有"乡愁"的物质文化保护好，乡风才有依存的根基。简言之，新时代的乡风文明建设既有精神文明的部分，又有物质文化的部分，是形而上与形而下的结合，是物质文明与精神文明交相影响的结果。因此乡风文明是一个复杂的系统体系，物质文明和精神文明缺一不可。

四、融合性

融合性是新时代乡风文明最突出的特征，这一融合表现在传统与现代的融合、本土与他者的融合以及乡村与城市的融合。首先，乡风文明的融合性体现在传统与现代的融合。乡风文明传承并创新转化了中华优秀传统文化。我国是一个拥有悠久历史的文明古国，有着丰富的优秀传统文化，乡风文明以中华优秀传统文化为重要支撑，反映一定区域内农民共同遵守的道德准则、中华优良传统美德、良好的习惯和切合乡村实际的规则约定等，是对中华民族优秀文化的传承。从现实来看，乡风文明突出表现在对勤俭节约、诚实守信、勤劳勇敢、孝敬父母、家庭和睦、邻里互助等传统美德的继承和发扬等方面。从历史传承上来看，在对中华传统美德的继承过程中，乡风文明反映出农民自身现代化的要求，反映时代精神。在保护传承的基础上，乡风文明对中华优秀传统文化进行创造性转化、创新性发展，不断赋予其时代内涵、丰富其表现形式。乡风文明的融合性还体现在本土与他者的融合。随着现代性的推进、人口流动的日益频繁，农民群体不再是土地的坚守者，乡村也不再是稳定的封闭的结构，农民群体走出了乡村，外来人也开始走进乡村，并且随着乡村振兴战略的推进，乡村越来越美，势必会吸引越来越多人返回乡村，体验乡村生活。在人口的流动交往中，乡村本土的文化也与外来文化进行着交流，这一外来文化可能是与乡村本土文化邻近地区的文化，也可能是我国其他区域的文化，更有可能是世界文化。此时，乡风文明的建设必然是要在坚守自己独特品格的同时,兼收并蓄,对他者文化中的优秀部分加以吸收,为己所用,当然也要抵抗住其他文化对本土文化的侵蚀。尤其对宁夏来说,地处西北,来自一线城市的都市文化或者其他国家的文化对其有极强的影响力,只有坚守住自己的文化品格,才能留住"乡愁"。乡风文明的融合性还体现在城市与乡村的融合。在当前的发展中,城市与乡村的关系已经从二元对立转向了统筹发展。城市与乡村并没有绝对的对立,但不可否认的是城市文化因工业文明更具先进性,从而对乡村文化具有一定的侵蚀作用。因此,在乡风文明建设中,对乡村文化与城市文化不能简单地采取非此即彼的态度,而是要将二者统筹处理,择优吸收,这也正是要让农民在原有村庄肌理中享受现代文明。

第三节 乡风文明建设的价值

文明是社会进步、社会发展的重要标志,是现代化的重要特征。乡风的文明就是乡村社会进步的重要标志,是建设现代乡村必不可少的条件。乡风文明明确了要以何种精神风貌实现振兴的问题,关系到新型农民的培养,关系到美丽新农村的建设,关系到乡村振兴,是乡村发展的灵魂与精神支柱。

改革开放以来,我国乡村经济、社会、文化等各个领域都发生了全面而深刻的变化,农业和乡村经济发展进入了一个新的阶段。与此相适应,乡风文明建设的外部环境、体制条件、社会基础与过去相比都有明显变化,遇到了许多新情况。《一个村庄里的中国》作者曾感叹过"回不去的村庄",这是对现代文明冲击乡村文化的隐喻。在现代化与全球化的过程中,乡土文化与乡风文明受到巨大冲击,二者产生矛盾,以至于乡村文化无法与现代文明相衔接,演变为文化的失落状态,焦虑的农民群体在其中产生价值的迷失。正如费孝通所言,"从乡土社会进入现代社会的过程中,我们在乡土社会中所养成的生活方式处处产生了流弊"。①宁夏乡村与全国大部分村庄一样面临着"回不去"的尴尬困境。乡土文明在都市文明的侵蚀中,失去了传统的乡村韵味,丢失了朴素的乡风,遗失了"乡愁"。乡土文明在发展过程中出现了文化的失落、礼制的失序等问题,焦虑的农民群体在其中产生价值的迷失,出现了道德失范、诚信缺失,欺骗欺诈等现象,是非、善恶、美丑界限混淆;婚丧嫁娶大操大办,讲排场、比阔气,铺张浪费严重;封建迷信活动泛滥。总的来说,目前乡村存在许多不利于乡村振兴的现象,包括拜金主义盛行,理想信念缺失,个人主义思想膨胀,价值观念错位,法治观念不强,封建迷信仍然存在,铺张浪费严重等。这些问题是乡土文化现代化转向过程中出现的,解决这些问题的根本途径就是借助乡风文明建设促进乡土文化的现代化转向,提升农民的文化素养,形成崇尚科学的乡风,从而繁荣乡村文化、规范乡村文化,为农民内心建筑一座新的文化城堡,在精神荒原中树立文化灯塔。可以说,在精神文化领域,当下乡村仍存在很多问题,这些问题的严重程度和危害程度甚至超过物质领域的一些问题,要实现乡村振兴,任重而道远,加强乡风文明建设刻不容缓。具体来讲,乡风文明建设的价值有以下七点。

一、乡风文明是实现乡村振兴的灵魂

党的十九大报告提出"农业乡村农民问题是关系国计民生的根本性问题,必须始终把解决好'三农'问题作为全党工作重中之重",实施乡村振兴战略。2018年1月2日,中共中央又出台《中共中央国务院关于实施乡村振兴战略的意见》。2018年3月5日,国务院总理李克强在做政府工作报告时指出要大力实施乡村振兴战略。2018年5月31日,中共中央政治局召开会议,审议通过《国家乡村振兴战略规划(2018—2022年)》,这标志着乡村振兴这一重大战略全面进入落地实施期。乡村振兴战略是以习近平同志为核心的党中央着眼党

---

① 费孝通:《乡土中国 乡土重建》,北京联合出版公司,2018年,第8页。

和国家事业全局，对"三农"工作作出的重大决策部署，是亿万农民对美好生活的向往，具有广泛的现实需求和深刻的时代必然性，必将给我国"三农"发展带来重大而深远的影响。

如何实施乡村振兴战略？在十九大报告中早已指出了总要求，"产业兴旺、生态宜居、乡风文明、治理有效、生活富裕"。这一总要求涵盖了乡村经济、生态文明、精神文明、管理机制、文化建设等诸多方面，从马克思主义联系与整体的视角来看，产业兴旺是乡村振兴的物质保障，生态宜居是建设美丽乡村的基本要求，乡风文明则是培育现代新型农民的主体价值，治理有效是乡村振兴的政治基础，生活富裕是乡村振兴的目标导向。这五个方面构成了一个有机整体，为新时代的乡村振兴指明了方向。

其中，乡风文明明确了要以何种精神风貌实现振兴的问题，关系到新型农民的培育，是乡村振兴的精神保障，是乡村振兴的灵魂。第一，乡风文明是乡村精神文明建设的重要内容，也是我国社会主义精神文明建设的重要基础。乡风文明不仅是农民对美好生活向往的表现，也是构建社会主义和谐社会的精神支撑。第二，乡风文明渗透到产业兴旺、生态宜居、治理有效、生活富裕的各个方面。正所谓"仓廪实而知荣辱"，产业兴旺是乡风文明的重要物质保障，同时，上层建筑对经济基础具有能动的反作用，乡风文明的培育能够提升农民的思想认识、价值观念、文化水平，必然会创新产业结构、提升产品质量，推动乡村产业发展。乡村产业发展、农民精神文明提升后，必将实现生活富裕的目标，这一富裕不仅是物质的充足，也是精神的富足。乡风文明与生态宜居的关系更为明显，生态宜居需要生态的生产方式与生活方式做保障，而这都是培育文明乡风的重要内容。有效的乡村管理指引着乡风文明的建设，同时，现代化的乡村治理不仅需要现代化的农民作为参与主体，也需要充分利用文明乡风中的社会主义先进文化、优秀传统文化等去构建民主、法治、德治、文明的现代治理体系，提高乡村治理的有效性。第三，作为思想道德建设的乡风文明看不见、摸不着，需要文化的潜移默化，不可能一蹴而就，不能通过急功近利的方式来完成，也不可能通过"搞涂脂抹粉"的形式主义来实现。因此，乡风文明建设是乡村振兴的难点所在，是其精神灵魂。只有乡风文明了，乡村文化才能大繁荣、大振兴，才能保证其他各项建设的正确方向，才能能动地作用于乡村经济、政治、社会、生态文明建设，"五位一体"地推进乡村全面发展。

二、乡风文明是巩固拓展脱贫攻坚成果、实现脱贫攻坚与乡村振兴持续发展的精神动力

巩固拓展脱贫攻坚成果，实现脱贫攻坚与乡村振兴持续发展，只有激发贫困人口的积极性、主动性、创造性，不断释放贫困群众努力奋斗的潜在能量，才能提供源源不断的精神动力。

培育文明乡风能加强对贫困群众的思想引导，有助于实现扶贫与扶志的结合。在当前的脱贫攻坚中，政府给予贫困地区优惠的政策待遇，各定点扶贫单位也为贫困村提供了财物的支持，这难免给贫困村民养成了"等靠要"的不良习气，使脱贫事业停留在"要我脱贫"的阶段，给政府造成一定的负担，也使贫困家庭极易返贫。因此，扶贫必须扶志，培育文明乡风，弘扬优秀家风家训，加强对贫困村民的思想引导，全面转变"等靠要"的不良风气，才能不断激发贫困群众脱贫的内在动力，变"要我脱贫"为"我要脱贫"，使贫困村民以积极向上、

吴忠市红寺堡区新庄集乡西川村标语

艰苦奋斗的昂扬精神面貌，坚定脱贫信心，将"幸福是奋斗出来的"扎根思想深处，将思想精神转化为脱贫的精神动力，持续推进全面脱贫与乡村振兴有效衔接。

培育文明乡风，持续选树典型，能够发挥榜样先锋的带动作用。在乡风文明建设中，推先选优是一项重要工作，例如新时代乡贤、勤劳脱贫示范户等先进典型。在贫困村中，通过树立这些榜样模范，能够用良好家风带动乡风民风，能够培育和践行社会主义核心价值观，形成自力更生、脱贫光荣的鲜明导向，形成以先进带后进的向好局面，从而为乡村振兴营造良好氛围。

因此，培育文明乡风能够改善不良风气，能够弘扬正能量，能够营造积极向上的优良环境，不断地将精神力量转化为乡村振兴的前进动力。

三、乡风文明是推动乡村转型升级的内生动力

乡村的转型升级是乡村实现现代化，促进城乡融合发展的重要途径。虽然这一转型升级是以产业为核心，但作为软实力的精神文明，涵盖了乡村文化、风俗、道德等诸多方面，在乡村产业的转型升级中具有不可估量的作用。

首先，乡风是一个地方人们的精神风貌。若这精神风貌是积极向上的，它会浸染每一个人，催促每个人上进，使大家形成团结向上的奋斗合力，共同推动一村一社的产业发展。当乡风出现不良问题时，就会破坏这种合力。当前很多成功的乡村产业发展模式并不是一家一户的单打独斗，而是众多家庭参与的新型合作社，依靠集体的力量来推动村社集体经济的共同发展。此时，乡风文明建设显得尤为重要，只有依靠良好乡风凝聚群体合力，才能使乡村的集体产业更进一步，更上一层楼。

其次，乡风影响着每一个人的思维和视野。与城市相比较而言，乡村环境相对闭塞。自古以来，我国乡村一直是稳定的村社结构。在相对封闭的乡村场域中，乡风影响着每个村民的价值观和世界观。只有培育现代的、文明的新乡风才能打开村民的视野和思维，让他们从更开放的角度来看待问题，提升辨别能力，接受新事物，进而接受新的产业形态，提高从事现代农业的

技术水平。

最后，乡风可以直接转化为乡村的新产业、新业态。当前，发展乡村创意产业，乡村文旅产业是乡村产业转型升级刻不容缓的重任。将创意、旅游等产业引进乡村，既能满足农民增加收入、提高生活质量的需求，也能充分挖掘农业潜力，为乡村留住"乡愁"。无论是创意产业还是旅游业，都离不开服务，涵养乡风文明，提高农民的整体素质，就是对服务质量的提升，就是对产业发展质量的提升。另外，乡风也涵盖着民俗风情，依托这些民俗风情，加入创意元素，开发创意产品，发展体验旅游，也是对乡村文化资源的深入挖掘，是对乡风的直接转化。

总而言之，乡风是看不见、摸不着的软实力，在乡村的转型升级中，需要将文明乡风转化为内生动力，激励产业发展。

四、乡风文明建设是创新乡村基层治理的必要条件

坚持和完善中国特色社会主义制度，推进国家治理体系和治理能力现代化，是实现"两个一百年"奋斗目标的重大任务，也是新时代改革开放向前推进的根本要求和应对风险挑战、赢得主动的有力保证。为全面贯彻落实党的十九届四中全会精神，自治区党委十二届八次全会从宏观层面确定了宁夏推进国家治理体系和治理能力现代化的政治责任和实践要求。自治区党委十二届十次全会则是从基层着手，突出乡村、社区、宗教、校园、企业和社团，真正将以人民为中心落到实处，在打赢脱贫攻坚战、决胜全面建成小康社会和疫情防控常态化的关键时期和特殊时期具有重大意义。乡村治理是国家治理体系的一环，是国家治理能力的基层实践。面对新冠肺炎的强势来袭，乡村基层治理显示出了它的战斗堡垒价值和意义，加强乡村基层治理意义重大。但自2001年国家推动乡村税费制度改革后，乡村治理出现了两个问题：一是政府干预减少后，乡村基层治理乱象滋生；二是乡村基层组织政权弱化，矛盾纠纷呈上升趋势。提升乡村基层治理能力是一个系统体系，乡风文明是其中的必要条件。

涵养文明乡风能够补齐乡村法治软肋，实现德治、自治、法治的有机结合。传统社会中，自治是维持社会基层秩序的主要手段，经过千百年的锤炼，凝练出基层自治的方法经验，例如乡村治理中的乡贤文化。在新时代的基层治理中，可提炼传统自治的精华，与当前的社会发展相结合，促进群众参与基层治理。德治，也是传统社会的一种治国方略，主要依靠道德来达到安邦定国的目的。孔子在强调国家法度重要性的同时，也阐明法治的强制作用有局限性，需要借助道德的熏陶和感化作用，以便在更深层面上稳定社会秩序。这一治理智慧在当前的基层治理中，也极具借鉴意义。简言之，推进治理体系和治理能力现代化，离不开文明乡风的支持。中国传统文化中蕴含的治理智慧理应在新常态下得到汲取和提升，使基层治理更具人文精神，更加科学性和现代化。

五、乡风文明是我国社会平安稳定的重要基石

邓小平曾指出，"中国有百分之八十的人口住在乡村，中国稳定不稳定首先要看这百分之八十稳定不稳定"[①]，"乡村不稳定，整个政治局势就不稳定，农民没有摆脱贫困，就是我国没有摆脱贫困"。由于我国乡村地域面积广、农民数量多、时间跨度长，乡村问题一直是重中之重。其中，由于乡村人口基数大，农民群体的稳定性，思想价值导向的正确性，严重影响着全社会的稳定和发展。农民的精神面貌和思想价值观念与乡风息息相关，特别是在农民群体普遍受教育水平不高的前提下，乡风更是潜移默化地影响着农民的价值观念，乡风是影响社会平安稳定的重要基石。

一旦社会不良风气、歪风邪念滋长，势必影响农民的价值观念，动摇人心，使生产生活陷入混乱，不仅阻碍乡村发展，也破坏稳定团结的根基。随着市场经济的发展和都市文化的影响，一些不良思想开始影响乡村，侵蚀人

---

① 中共中央文献研究室：《建设有中国特色的社会主义》，北京：人民出版社，1984年，第65页。

心,例如拜金主义、唯利主义、原子主义等,这些不良风气侵蚀了淳朴的乡风风气,导致人心浮动。当然,一些传统文化的糟粕也依然在乡村流行,封建迷信、落后习俗等。由于农民群体普遍受教育程度不高,抵制不良风气能力较弱,更容易受这些思想的影响,抢劫、偷盗等犯罪违法活动时有出现,影响农民日常生活,成为乡村社会风气和农民群体稳定的隐患。

只有真正解决好农民的思想问题,才能为乡村社会的发展扫清思想上的障碍。良好的乡风、淳朴的民风,为乡村营造安居乐业的和乐氛围,为新农村建设提供良好的社会环境。因此,加强乡风文明建设,移风易俗,自觉抵制不良社会风气,形成良好社会风尚,才能促进乡村和谐稳定,为乡村的长治久安,甚至全社会的长治久安提供保障。

六、乡风文明是践行"两山思想"的需要

在2013年12月的中央农业工作会议上,美丽乡村建设作为全面小康建设的重点乃至中国梦的定位被提了出来。为深刻了解美丽的新内涵,不妨在中国特色社会主义理论中把梳美丽出现的具体语境。在党的十八大报告提出"建设美丽中国"要求后,习近平总书记在多次讲话中提及"美丽中国",弘扬塞罕坝精神中"把我们伟大的祖国建设得更加美丽"等。在这些文件和讲话中,显然习近平总书记将美丽一词作为生态环境建设的目标。此外,习近平总书记调研浙江时,在以开办农家乐为主业的村民袁其忠家里,察看了院落、客厅、餐厅,同一家人算客流账、收入账,随后同一家人和村民代表围坐一起促膝交谈。大家争着向总书记介绍,他们利用自然优势发展乡村旅游等特色产业,收入普遍比过去明显增加、日子越过越好,习近平表示,这里是一个天然大氧吧,是"美丽经济",印证了绿水青山就是金山银山的道理。因此,总结来说,美丽就是指"绿水青山就是金山银山"的"两山思想",侧重于生态环境建设。建设美丽乡村,是促进乡村经济社会科学发展、提升农民生活品质、加快城乡一体化进程、建设幸福大埔的重大举措,是推进新农村建设和生态文明建设的主要抓手。

那么乡风文明与美丽乡村有何关系？一个是精神文明建设，一个是生态文明建设，一个管的是人，一个指向的是自然。看似二者之间没有必然的关系，但生态文明建设的关键就是人与自然之间的关系。只有人与自然和谐相处，才能建设好生态文明，而只有提高人的素养，强化人对自然的尊重，才能使人与自然和谐相处。

乡风文明与乡村生态文明建设的最直接联系体现为改善村容村貌，保证乡村的绿水青山之美。长期以来，乡村形成了垃圾乱堆、尘土飞扬的脏乱环境，严重影响了村容村貌，降低了村民的生活环境质量，也掩盖了乡村绿水青山的美。在乡风文明建设中，整治乡村的脏乱差是一项重要工作，通过厕所革命、垃圾处理等手段，乡村的人居环境有了极大的改善，为绿水青山建设贡献了一份力量。

乡风文明与生态文明建设的间接关系体现在改变农民的生态价值观念上。农民直接与自然环境接触，曾经为发展经济，乱砍滥伐、随意放牧等行为严重破坏了自然生态的平衡，造成了沙漠化、水土流失等自然灾害。为加强绿水青山建设，保护生态环境，就有必要改变农民的生态环境概念，思想价值观念就属于乡风文明建设的范畴。只有转变价值观念，才能让农民更好地践行"两山思想"，更好地建设美丽乡村。

七、乡风文明是培养新型农民的必要条件

习近平总书记在中共中央政治局第二十二次集体学习时表示："乡村要发展，根本要依靠亿万农民。"只有提高农民的全民素质，培育新型农民，才能充分发挥人民群众的智慧与力量，促进乡村各方面、各环节的发展。乡风文明涉及思想文化、精神文明建设的方方面面，是培养现代新型农民的首要条件，对农民整体文化素养的根本提高有极大意义。

什么是新型农民？新型职业农民是指具有科学文化素质，掌握现代农业生产技能，具备一定经营管理能力，以农业生产、经营或服务作为主要职业，以农业收入作为主要生活来源，居住在乡村或集镇的农业从业人员。总结来

说，新型农民的基本特征可以概括为新观念、新素质、新能力。新观念包括诚信观念、法律观念，新素质包括文化素质、道德素养、心理素质等，新能力包括创新能力、新技术能力等。综合这些来看，文化素质、道德素质、心理素质、诚信观念、法律观念等都是乡风文明建设的组成部分，可以说乡风文明的涵养是培育新型农民的首要条件。虽然科学技术是第一生产力，越是先进的技术越需要品德过硬、文化素养过硬的人来使用，才能保证技术为人服务的根本作用。同时，随着技术越来越先进，对人的知识文化素养要求也越来越高，只有不断提高素养，才能更好地使用技术。新乡村的建设需要先进的生产技术和管理理念，但更需要能够掌握先进生产技术和管理理念的新时代高素质农民。故而，乡风文明才是培育现代新型农民的首要条件、基础条件。

综上所述，乡风文明并不仅仅是思想道德，它涉及一村一社的文化、风俗习惯、价值观念、精神文明等各个方面，是乡村振兴的重要一环，更是乡村振兴的精神支柱。作为精神支柱，乡风文明能够潜移默化地改变农民的价值观念、文化素养、行为习惯，能够转化为乡村产业转型升级的内生动力，影响着乡村基层治理体系建设和基层治理能力的提高，是新时代乡愁依存的根基。只有持续涵养文明乡风，克服不良风气，才能使乡村向着文明、有序、美丽的目标前进。

第四节　乡风文明建设的作用与意义

2018年，习近平总书记在四川考察时强调，生活富裕不仅是物质上的富裕，也要有精神上的富裕。精神上要富裕，就要在推动乡村文化振兴上下大力气，以满足人民群众对美好生活的需求。乡村文化振兴离不开文明乡风的涵养。新时代的文明乡风是社会主义先进文化、革命文化和中华优秀传统文化的凝聚，是传统与现代的融合，是城市与乡村的融合，包含着深厚的文化基因，蕴含着丰富的经验智慧，对乡村建设有着重要的意义与作用。

乡风文明建设的作用主要有以下四点。

一、文明乡风确保乡村建设沿着正确方向前进

随着利益主体和利益分配形式的多样化，农民内部收入差距不断扩大，进城务工人员增多，农民群体的价值观念也出现多样化的趋势。特别是在农民群体普遍受教育程度不高的情况下，如果不能有正确的思想价值观念引导，极易出现问题。一旦方向出现偏差，我们在产业发展、物质建设上下的功夫越大，出现的问题可能会越多，产生南辕北辙的负面效应。这就要求我们在乡村加强思想文化建设，其中涵养文明乡风就是加强思想文化建设的重要举措。涵养文明乡风，能够使社会主义核心价值观常态化、具体化、生活化，能够引导农民崇尚科学，抵制迷信，移风易俗，破除陋习，树立先进的思想观念和良好的道德风尚，在乡村形成健康、积极、向上的社会风气；能够以正能量感染人、以主旋律引导人，使马克思主义扎根广大乡村阵地，确保乡村振兴沿着正确的方向前进，为乡村建设提供强大的精神动力和思想保证。

二、乡风文明具有凝聚人心的作用

我国是农业大国，村社数量多，农民人数也多，要实现乡村振兴不能丢掉任何一个村庄，也不能落下任何一个人，这就需要有强大的凝聚力使所有人心往一处想、劲往一处使，共同团结奋斗，共同繁荣发展，才能完成乡村振兴的伟大目标。乡风文明建设有助于强大凝聚力的形成。对于具有稳定村社结构的乡村来说，村落是农民生产生活的场域。在这个场域中，独特的自然地理环境、农民们的生产方式以及人与人之间的互动关系孕育出这一地方的风俗习惯，形成了乡风。在同一个场域中生活的农民，共同遵守着这一场域中形成的乡风，规范着生活方式、行为习惯、价值观念。这样的乡风实则就是得到集体认同的价值准则，有着强大的思想引导力和行为驱动力。新时

固原市泾源县黄花乡庙湾村中国梦文化墙

代,传统乡风中的精华正在被传承,糟粕正在被消解,同时又将社会主义先进文化与传统乡风进行了结合,更加增强了乡风凝聚人心的作用。社会主义核心价值观是涵养乡风文明的旗帜,它承载着中华民族的精神追求,蕴含着中国人民的经验智慧,是全社会共同认可的社会主义核心价值观。这一共同的价值观能够唤起沉淀在中华儿女的血脉深处、以爱国主义为核心的民族精神和文化情结,以共同的文化情感感召人,不断增强大家对中华民族的认同感和实现中华民族伟大复兴的使命感、责任感,在潜移默化中凝心聚力。因此,乡风文明具有凝心聚力的重要作用,能够为乡村振兴凝聚全体人民的力量。

三、乡风文明的涵养能够为乡村发展提供智力支持

新时代,乡风文明是传统文化和现代文明的融合,它不仅有沉淀千年的文化智慧,还有先进的现代科学理念。涵养乡风文明能够将"诚信""爱敬""忠恕""知耻""和"等价值理念"种"在基层,将自强不息、诚实守信、助人为乐、孝老爱亲、勤俭节约等传统美德"种"在基层,加强农民的思想道德

建设；能够改变乡村对科学技术不重视、科学技术落后的局面，转变传统农业为现代农业，为我国乡村的发展注入新的生机和动力；能够通过"新乡贤"等，提高农民参与基层治理的积极性，完善基层治理体系。这些是乡风文明为乡村建设提供的经验支持。另外，涵养乡风文明的对象是农民群体，其根本是对人的素质的提高，是对人才的培养。在上文，我们已经提到乡风文明是培养新型职业农民的首要条件，同时，乡风文明能够转变"慵、懒、散"的不良风气，培养昂扬向上的精神面貌，提高农民的积极性、主动性。这都是为乡村发展建设人才队伍，为乡村发展提供智力支持。

四、乡风文明具有潜移默化、润物无声的作用

一个地区风气的好坏对该地区社会和人的发展起着巨大的能动作用。一个地区的乡风一经形成，就会在一定时期内具有稳定性和能动性，由于其已构成的稳定文化氛围，具有该地区乡风特征的舆论和社会习惯势必会影响该地区群体的言论和行为，对人们的情感和思想起着潜移默化的作用，因此良好的乡风能够使该地区的人们奋发图强，促进该地区的发展。反之，不良的乡风会腐蚀人心，使人们颓废不前。所以，农耕时代的历代统治阶级都十分重视乡风建设，试图通过"美风良俗"的作用来浸润人心，促进农业发展，从而发展国家经济。新农村建设中的乡风文明建设是对乡村精神文明建设的全面发展，是对农民知识文化水平的提高，是对农民文化修养、行为习惯、生活作风、道德素养的一次根本性提高。因此，乡风文明建设是培育新型职业农民的首要条件。通过乡风文明的浸润作用，能够提升农民的内在条件，从而更符合新乡村建设的要求。

总的来说，乡风文明还是属于精神文明建设的范畴。新时代，涵养乡风文明，就是要充分发挥乡风文明在乡村建设中的作用，在乡村创建高度的精神文明，确保党的路线方针政策在乡村落地生根，使乡村的科教文卫事业保持社会主义的性质和方向，培养新型农民，努力发展乡村的精神生产力。通过乡风文明建设，必将使乡村的精神面貌焕然一新，提振农民的文化自信心，

促进乡村文化的振兴。

（一）乡风文明建设有助于乡村道德伦理秩序重建

乡风文明建设有助于当前乡村道德标准的重新确立。传统乡村的伦理秩序建立在宗法血缘关系之上，而在现代化的进程中，这种内卷化的乡村伦理已不再适用于当代乡村，随着不断涌入的外来思想对传统思想的冲击，我国个别乡村地区或多或少地出现了一些道德缺失的现象，日常生活中的不文明行为也越来越多，这不仅影响了广大人民群众的生活，许多不文明、不道德的行为还给维护当地稳定团结的局面带来了一定的影响。乡风文明建设是对乡村地区社会主义价值体系的一次正确树立，是引导乡村居民形成更加文明、更加高尚的价值观念和道德标准。对广大农民群众的思想道德教育也是乡风文明建设的重要组成部分。乡风文明建设是一项旨在全面提高农民综合素质的工程，不仅仅是对农民知识文化、科技生产水平的提高，也是对广大农民道德修养的一次提升，通过在广大乡村地区开展广泛的宣传教育工作，使广大农民群众认识到之前自身行为道德、价值取向存在的缺陷和不足，使社会主义核心价值观的理念深入人心，从而使整个乡村地区的社会风气朝好的、文明的方向发展。随着乡风文明建设的不断推进深入，农民道德修养水平的不断提高，必定将大大改善目前个别地区存在的道德缺失现象，重新正确树立我国广大乡村地区的道德标准。

（二）有助于增强农民的文化认同感和文化自信心

精神家园的构建也是农民安居的根本。有学者指出："物质条件远非农民生存尊严的全部。农民生存条件的改善还必须有一定的非物质因素，例如，环境优良、人际和谐、邻里互助、能够在村庄中寻求到生活的意义、有文化参与、有社区共同体认同等。"所以贺雪峰指出农民之苦并不仅限于纯粹的物质方面，更苦于精神方面。

农民群体的精神之苦在于乡村文化认同缺失导致的文化自信匮乏。第一，受市场化的冲击，由乡缘凝聚而成的封闭的熟人社会被打破，以人治为基础的乡村宗族势力受到削弱，而现有的乡村民主法制还没有建立健全，加之乡村伦理道德的缺席，造成乡村整体凝聚力的下降。第二，农民向城市的流动和对城市生活的向往疏离了乡缘中的血缘与地缘的认同，造成对乡土文化的认同度普遍较低，乡村社会成员无法拥有共同的文化理念、信仰和价值取向，严重时会造成文化冲突层的强烈排斥和对抗。[①] 第三，近年来乡村沦为众多势力博弈的场所，乡村暴力和社会矛盾不断涌现，严重影响了乡土社会的稳定，冲击了文化认同。农民对自己长期生活的文化失去了认同，自信的根基也就被破坏了。文化自信一旦缺失，乡村文化就会失去传承，何谈乡村文化振兴。乡村文化传承割裂，会使"乡愁"丧失，加剧认同的缺失，加剧农民的精神之苦。这显然是一个恶性循环，破解这一恶性循环的突破口就在乡风文明。乡风文明能够通过农民熟悉的家风家训、乡规民约，形成地区共同的价值理念、行为准则，引起集体认同。乡风文明能够培养农民对家乡的热爱，形成情感上的共鸣。乡风文明还能够不断充实农民的精神世界，增强他们的文化理解力、感知力和辨别力，养成文化自觉，增强文化认同。

因此，要想重建乡村生活的意义，使农民对其具有认同感、归属感，就需要依靠乡风文明建设，以集体认可的文化理念、价值准则，引导农民重新认识乡土的意义、家园的意义，重建文化自信。

（三）有助于保护乡村文化，推动乡村文化的创新性发展和创造性转化

乡村文化是农民在生产生活中创造出来的所有事物和现象的总和。它既有传统社会传承至今的部分，也有革命时期农民参与革命的印记，同时还是农民建设新中国的奋斗历史。乡村文化的提出显然是为了与城市文化进行区别，二者都是带有地域色彩的文化集合概念。相比较而言，乡村文化更具有自然性，也更脆弱。因为，从人类文明的发展进程来看，城市文明是更高一级的文明。文明的进程有先后，但文化没有高低之分，城市文化相对而言更强势、更具有冲击力。正是基于这样的文化强弱差异，我们才要保护乡村文化，

---

① [英]拉尔夫·达伦多夫：《现代社会冲突》，林荣远译，北京：中国人民大学出版社，2016年，第15-22页．

使之能在现代社会发展转化。乡风是乡村文化的一种形态，是乡村文化的底色。重建乡风文明实则就是对乡村文化的保护。

新时代，党的十九大报告提出"乡风文明"，这不仅仅是乡村振兴的目标，它还是乡村文化复兴的手段。新时代的乡风文明是建立在思想观念、道德规范、知识水平、素质修养、行为操守，以及人与人、人与社会、人与自然的关系等方面继承和发扬传统乡风的优良部分，摒弃消极落后的因素，积极创新，并积极吸收城市文化乃至其他民族文化中的积极因素，使农民在传统乡村的肌理上享受现代文明。这种传统与现代、本土与外来、城市与乡村融合的特点，决定了新时代的乡风文明建设不仅能够将传统工艺、民俗风情、文化艺术、家风家训、村规民约、村落生态保留下来，还能借助新技术、新手段将这些传统文化进行创新转化，促进乡村文化在新时代的发展，实现乡村文化价值的创造性转化。

可以说，乡风文明建设是加强乡村精神文明建设的重要举措，对于留住"乡愁"，提振农民的精气神，增强乡村文化底蕴，具有重要的意义。

一言以蔽之，乡风文明是乡村振兴的精神基石，必须多角度、全方位地调查研究，客观查找乡风文明建设路径的困境，从传统与现代的有机融合、城乡的和谐发展等角度有的放矢地建言献策。

第二章　家风与乡风文明的历史积淀

文明的内涵，可分解为物质文明、政治文明和精神文明。文明涵盖着历史走向和社会发展的进程，它是文治教化、社会发展进步的客观状态，包括民族意识、技术水平、礼仪规范、宗教思想、风俗习惯等。现代意义上的文明，是人类社会创造的物质财富和精神财富的总和，是社会发展水平较高阶段的状态，也包括人类审美观念和文化现象的传承发展。文化的内涵主要包括物态文化、制度文化和行为文化三大层面，物态文化是可以感知的具有物质实体的文化事物，制度文化即各种社会行为规范，行为文化是以约定俗成的礼仪、民俗等形态表现出来的外在的行为模式。中国古代家庭教育源远流长，端蒙养、重家教是中国传统文化影响至今的优良传统，传统家训是研究中国古代家族教育的重要载体。

家庭是社会单位的起点，家庭的风尚就是家风。它是由家庭风气、习俗在日常生活中潜移默化传承下来的规矩和祖训，影响着家庭成员的精神、品德及做事行为。家风建设既是家事，也是国事。换个角度，天下之本在国，国之事在家。家庭是构成国家的细胞，家风家教也构成了一个民族和社会的风尚底色。因此，构建新时代风清气正的社会和国家，推进家庭家风家教建设，是一个重要的课题。言传身教是家风传承，家国情怀和奉献精神就其根基也是家风传承。传统家训是中国传统文化的重要组成部分，是指在中国传统社会里形成和发展起来的关于治家教子的训诫文字，是以一定的社会时代占主导地位的文化内容作为教育内容的一种家庭教育形式。它是按照以儒家文化为主轴的社会文化要求，来实施和传承家风家教内容的。

乡村基层社会从传统农业向市场化、现代化、城镇化转型的过程中，人际关系与道德责任也在发生变化，"忠孝仁义礼智信"等做人行事的基本道德规范受到"利益优先"原则的冲击。德治是儒家倡导的一种道德规范，使人从心理上知耻而善良的一种治理方式。作为社会细胞的家风教育，内容合乎专制社会礼法的要求，目的是要做到家庭稳定、和睦协调，使家庭成员传承伦理道德标准、行为规范、勤奋学习，成为一个有德行的人，对社会有作为的人。汲取和传承家训的精华部分，有助于传统文化的传承，有助于家风和乡风文明建设的推进。家风和祖训的社会功能从治家开始，其社会教化功能是改变当前家风传承的关键，是基层社会治理中德治建构的思想文化基础。其终极目的是让道德左右人们的行为，从而使人们自觉自律遵守社会规范。

第一节　明理知耻的良好家风

中国传统文化思想中，家国是一体的。一个人首先属于一个家庭，当他成人之后走向社会，即成为社会的人，也是国家的人。人在家庭中所形成的价值认识、行为习惯，必然在社会环境中体现出来。正是从这些意义上，千千万万个家庭的家风融在一起，就构成了中华民族大家庭的家风，优良的社会风尚正是在亿万家庭家风的基础上形成的。历史发展是这样，当下社会文明的提升与推进也是这样。

一、家训是家风形成的根基

家训涉及的内容，包括忠孝节义、礼义廉耻、信爱和平、经世应务、为人处世等诸多方面，涉及个人、家庭、国家等各个方面。中国传统家训，是中国传统社会发展的产物，是传统社会意识形态文化在家庭各种关系里的集中体现。

家训，又称家令、家法、家约、家规、家训、庭训等。家训一词，最早见于汉代，指父母的教导，《颜氏家训》里已经用到了"家训"这个词。修身、治家、勤俭持家、和睦亲邻、家庭关系、读书学习、立身处世等，是家训的主要内容。作为一种文化现象的家训，源起较早，如《尧戒》、周文王的《遗戒》、司马徽《戒子书》、王褒《幼训》等。唐宋以来，家训之作不断面世，几乎每个朝代都有其代表性家训，如陆游的《放翁家训》、袁采的《袁采世范》、元代郑太和的《郑氏规范》、明代徐三重的《家则》等。这些家训类的文字，是他们立身处世的行为规范，其共同的宗旨是训诫子弟。通过传统家训这种形式的文化陶冶，个人的修养、节操、理想、奋斗的过程，就与儒家理想的人格模式——修齐治平同构起来了[①]。明理知耻家训，在家训中得到了传承和不断升华。

（一）修身

"修身、齐家、治国、平天下"，这是儒家的教育理论。修身，即修养身心，以培养优良的道德品质，这是根本。一是立志，人生在世，总要有所为。要成就一番事业，一定要树立志向，志当从高远。宋代人林逋说："心不清则无以见道，志不确则无以立功。"（林逋《省心录》）二是修身，实现远大目标，这就需要修身、自律和完善自己。不亏志节，谦逊忍让，忠信笃敬，慎独修心，刻苦自励。如果没有形成这种高尚的道德品质，其他都是空谈。孔子说："德之不修，学之不讲，闻义不能徙，不善不能改，是吾忧也。"（《论语·述而》）"故君子不可以不修身"（《礼记·中庸》）。修身是后天的事情，而且伴随着一个漫长的过程。古代家训是传统文化中的一部分，内容丰富，教化形象而感人。修身的关键要树立远大志向，立志是通向修身的桥梁。宋代教育家朱熹对其子、明代哲学家王守仁对其弟，在修身立志方面都有过家训及其传承。

《孝友堂家训》记载："父母于赤子，无一件是养志。"养志，即父母要正确引导子女树立远大的志向，即自己的梦想，包括实现远大志向的路径。

---

① 张艳国等：《家训辑览》，武汉：湖北教育出版社，1996年，第13页

人生立志与实现自己的志向，是一个问题的两个方面，在古人眼里"人无志，非人也"。人无志则一事无成，要立长志，立大志。同时，也要努力奋进，持之以恒，以不畏艰难的精神去实现自己的理想。"凡人修身治性，皆当谨于素日。"（玄烨《庭训格言》）不抓住"素日"而得过且过，虚度年华，既不能实现自己的志向，也很难成功修身。动嘴说容易，立志做需要毅力。所以，立志后要专心致志，清心寡欲。"欲"之为害，"则熏心智，耗真情，伤人和，犯天性"。（《颜延之《庭诰》》）诸葛亮《诫子书》里，"非淡泊无以明志，非宁静无以致远"，是对人生修身养性以实现自己梦想的最好诠释。

（二）治家

家训的教化，是一个相对完整的理论体系。如果说修身是立身之根本，那么治家的过程则是立身之开始，也是个人能力的提升和检验，才干的增长和锻炼。国是大家，家是小家，家国一理，是中国人都明白的道理。能治家，方能治国。《孝经》说："居家理，故治可移于官。"这就是古人治家的理念。

首先，治家要公正无私。在封建社会，皇帝的圣旨是一国之言，任何人不得违抗。封建社会治理下的家庭，一家之长就是家中的"皇帝"，他的说教同样具有一定的权威性。作为一家之长，他必须遵循一定的家法礼制来协调和处理好家庭各种关系，诸如亲戚关系、四邻关系等。在空间上，既要安排全家生产生活，教育子弟修身上进，还要和睦四邻的关系，包括处理家族的大小事务。但前提是"至公无私，不得偏向"。因为"父不慈则子不孝，兄不友则弟不恭，夫不义则妇不顺（《颜氏家训·治家第五》），面临多层关系。所以，一家之主治家关乎内外，家事掌管不得妄为。

其次，倡导勤俭持家的美德。勤俭持家，勤俭办一切事情，是中华民族的传统美德。"动莫若敬，居莫若俭。"（《国语·周语下》）要使家庭经济生活安定，收支有度，温饱有常，必须勤劳务本。古代家训中有关勤俭持家的训诫很多，有些训诫属于国家层面上的教诲，且较为宏观，如"以俭立名，以侈自败"。再如，人们熟悉的"历览前贤国与家，成由勤俭破由奢"（李商隐《咏史》），都是非常经典的训诫。有些训诫具体是在家的层面上表述的，涉及家庭与社会生活的各个方面。如明代人庞尚鹏的《庞氏家训·戒奢靡》里记载："子孙各要布衣蔬食，惟祭祀宾客之会，放许饮酒食肉，暂穿新衣……尺帛、半钱不敢浪费，庶几不至于饥寒。""待客品物，本有常规。如亲友常往来，即一鱼菜亦可相留。"这种治家理念，与"一粥一饭，当思来处不易；半丝半缕，恒念物力维艰"的道理是一致的。"夫恭俭福之舆，傲侈祸之机。"（《北宋·崔棻传》）恭敬节俭是载福的车乘，奢侈是引起祸患的机括。节俭是福，奢侈有时会带来灾祸。

勤俭持家有其鲜活的生命力。勤俭可以兴家，奢侈就能败家，这是家训里最为通俗的道理。"俭则足用，俭可以立身，俭则可以传子孙。"（《倪思《经锄堂杂志》）勤俭关乎家境生活用度，也关乎立身的大事，而且是可以传家的宝贵经验。曾国藩告诫儿子曾纪鸿，要保持"寒素家风"，要懂得"骄奢倦怠未有不败"的道理。时至今日，社会发展了，国家富强了，但勤俭的家风教育仍是我们必须倡导的。同时，勤俭面对的另一层含义，即古人也倡导薄葬，教育子弟崇尚节俭薄葬，力戒奢侈。这类家训即使在今天，仍有现实意义，是值得今人借鉴的。

（三）和睦亲邻

和睦亲邻，是家风教育里的重要内容之一。和睦，主要指家庭内部各种关系的融洽，如父子、兄弟、夫妇、叔侄、妯娌等之间的关系。亲邻，主要指协调家庭外部的各种关系，包括亲戚及四邻的关系，如岳父岳母、舅父舅母、姑父姑母、叔表姑姊以及村落、街坊近邻之间的关系。在传统农耕社会，这些关系至为重要。无论家族的关系，还是近邻的关系，相处的前提是"和为贵"，家和万事兴，天和人和基业兴旺。当传统农耕社会沿袭的各种关系在逐渐淡化的今天，新型城镇化、新乡村建设的当下，和睦亲邻的关系仍有其不可或缺的现实意义。

父子关系的重要性居于家庭第一位。传统意义上的"父父，子子"，强调的正是父子之间的伦理关系。"为人子止于孝，为人父止于慈"（《礼记·大学》），这就是"父慈子孝"的教化理念，也是父子关系融洽的关键所在。兄弟关系显得很特殊，传承的家风教化关系里，"兄弟如手足"，是非常亲近的，但对兄弟的角色都有要求。强调"兄友弟恭"，彰显的是兄弟的亲密无间。历史上，兄弟同甘共苦的先例很多，但兄弟相残、同室操戈的例子也不少。究其原因，或出于利益，或出于父母偏爱，或出于妯娌间的是非。要看轻财帛，看重恩义。"兄友弟恭"，是协调家庭内部事务的关键环节。"夫风化者，自上而行于下者也。""然为父母者，尤当身任苦命责。"（庞尚鹏《庞氏家训·务本业》）引领与示范的作用、榜样的力量是非常重要的。在家庭关系里，夫妇关系十分特殊，既是大家庭的重要组成部分，又是一个相对独立的空间。举案齐眉、富不易妻、谊联瓜葛等描述，都是典型的夫妻恩爱的比喻。能同甘苦，共患难，互敬互爱，这是夫妇关系的基础，是决定家庭和谐团结的重要因素。"夫不贤则无以御妇，妇不贤则无以事夫。夫不御妇，则威仪废缺；妇不事夫，则义理堕阙。"（班昭《女诫》）。夫妇之道，关键在于夫义妇顺。

和睦亲邻，涵盖了家庭父子、兄弟、夫妇的三重关系，是家庭和睦的基础。这种关系之间任何一方出现悖乱，都会引进连锁反应，颠覆家庭安然。同时，还会影响到其他关系，包括亲戚与邻舍。用朱熹的话说："读书起家之本，勤俭治家之本，和顺齐家之本，循理保家之本。"和为贵，自古至今被历史所验证，是传承家风的至理名言。

（四）读书益智

人非生而圣贤，是后天勤学的结果。读书的路径有二：一是向前人和社会学习；二是向书本学习。读书，是中国传统家训里极为重要的内容，从官家到民间都十分看重。中国是传统农耕社会，自给自足的自然经济决定了以耕读传家来教育子弟的传统模式。耕读传家，是传统家训中都必须提倡的。读书益智，自古至今，中国人对子弟读书十分推崇，是一种最为朴实的想法，希望家族子弟在物质生存与人文发展上都能够自立，旨在培养子弟自力更生的精神。"人生至乐，无如读书。至要，无如教子（家颐《教子语》）。历代的有识之士，都留下了形象通俗的鼓励人们读书的经典语录。西汉时期已有读书的谚语："遗子黄金满籝，不如教子一经。"（《汉书·韦贤传》）劝人读书，强调读书的重要性。南宋陆游说："子孙才分有限，无如之何，然不可不使读书。"（《陆游家训》）与读书相关的民间俗语，"书中自有黄金屋，书中自有千钟粟，书中自有颜如玉"，从读书的意义上来看，还是有其激励作用的。主张把读书与修身、济世联系起来，把读书与担天下之任联系起来，这样才能确立崇高的志趣，产生读书的巨大动力。

教子弟读书的方法，包括学习精神，自古至今传承下来的经典故事很多。如西汉匡衡的"穿壁引光"，"头悬梁、锥刺股"的故事，铁砚磨穿、三年不窥园的佳话，读书专心致志，心无旁骛，"用心专者，不闻雷霆之震惊，寒暑之切肤"（林逋《省心录》）。读书方法，如朱熹的"三到"，即心到、眼到、口到。读书的精神，如孔子提出"发愤忘食，乐以忘忧，不知老之将至"（《论语·述而》）。"少壮不努力，老大徒伤悲"，读书是每个人一生的事。书中不仅仅有黄金屋、千钟粟、颜如玉，还有人一生需要的知识、才智和精神。因此，家训里对读书之风的传承，永远是鲜活的，读书明义理这个最简单的道理，没有因为时代变迁而有所淡化。

（五）立身处世

立身处世，通常指在社会上待人接物的各种活动。读书使人修身养性，增长见识，积累智慧，处事聪慧，是立身处世所必须之财富。换句话说，读书为立身处世奠定了基础。学以致用，既不是学富五车的书呆子，也不是满腹经纶的纸上谈兵。立身处世需要知识，更需要智慧，要在处理社会事务，协调人际关系的现实生活中体现智慧，游刃有余。经世致用的家训中，也有精辟的叙述，在中国传统社会，治家、待人、处世，必须遵循礼制，礼是封建社会一切关系的行为准则。但时代变了，社会进步了，文明程度大为提升，一些内容需要摒弃，取其精华为世人所用。

立身处世不易。家训里关于立身处世的训诫很多，总的来看，主要体现在言与行两方面。朱熹给儿子信中将做人之道归结为"勤谨"二字，实际上包含着"言"与"行"。祸从口出，这是古人屡屡提及的且传承下来的家训。《周易·颐卦》中已有"君子以慎言语，节饮食"的记载。作为家训，后人不断在这个基础上延伸，添补进时代意义上的新的内容。孔子三十二代孙、唐代经学家孔颖达在其《正义》里释意为"病从口入，祸从口出"。东汉经学家桓谭《桓子新论·谴非》第六说："夫言语小故，陷置人于族灭，事诚可悼痛焉！"言语不慎带来的灾祸，甚至可以灭族。东汉人马援的说教更为细致，他告诫子侄说："耳可得闻而口不可得言也。好论议人长短，妄是非正法，此吾所大恶也，宁死不愿闻子孙有此行也。"（《诫兄子严、敦书》）晋代人羊祜告诫儿子，"无传不经之谈，无听毁誉之语，闻人之过，耳可得受，口不得宣。"（《诫子书》）可见家训慎言，但古代家训"慎言"有几个特点。一是宏观上教导，说话要谨慎。二是言语不谨慎，会带来灾祸。三是不能议论人之长短。四是不传不是正道上来的谣言，不听"毁誉"类的闲话。古人家训里的"慎言"，是有所指的。时至今日，"慎言"乃家风所倡导的，也是人们所需要借鉴的，仍有现实教化意义。

家训里强调"慎言"的同时，更注重"慎行"。如果说"慎言"侧重于思维，"慎行"则表现在具体行动方面。言与行，是一个问题的两个方面，极具思辨性。

第一，处事要谦和。人的重要特征，是他的社会性。人要与人打交道，待人接物要谦和诚实，以礼相交。周公《诫子》里早就说过谦虚处事的诫语，"德行广大而守恭者荣，禄位尊而守以卑者贵，聪明睿智而守以愚者益"。一饭三吐哺的故事，是周公谦虚谨慎、礼贤下士的表现。虽然是面对贵族说教的，但教化人的道理是一样的。《颜氏家训·止足》里说："谦虚冲损，可以免害。"是很有道理的。《周易·谦卦》有"谦谦君子"的说教，意即君子应当表现出谦虚的态度，旨在修养品德。之后，以此演绎出诸如"谦恭""能容人""待人宽和"等说教。清代人孙逢奇撰《孝友堂家训》，是关于家庭教育的读物，很有特点。他的家训通俗明白，简洁明了，"言语忌说尽，聪明忌露尽，好事忌占尽"，将立身处世的言行说得通透清晰，极具现实意义。

第二，交友要谨慎。朋友是一种重要的社会关系，但择友要十分慎重。如何择友，颜延之《庭诰》里写得很有教训力，"与善人居，如入芝兰之室，久而不闻其芬，与之化矣。与不善人居，如入鲍鱼之肆，久而不闻其臭，与之变矣"。这与俗语"近朱者赤，近墨者黑"一样，接近好人，接受好的影响，使自己受益；接近坏人，就会接受消极的影响，使自己受到损害，违背了择友的初衷，说明择友的重要。古代家训对子弟交友的训诫多有经典，朱熹训诫儿子说："大凡敦厚忠信，能攻吾过者，益友也；其诌谀轻薄，傲慢亵狎，导人为恶者，损友也。"（《与长子受之》）损友可以败身，益友相互薰染，榜样的力量是无穷的。社会环境复杂，作为社会主体的人群，其交友也是个复杂的问题。交友取人之长，不计其短，不能求全责备，也不失为交友之道。

第三，遇事要忍让。在与人相处的过程中，要能容人，团结人，要言顺气和。遇事忍让，也是家训教化中的重要内容之一。忍让不是无能的表现，同样有智慧在里边。唐代人朱仁轨终身未仕，隐居而培养学生，著有《诲子弟言》。他说："终身让路，不枉百步；终身让畔，不失一段。夫辞让之心，人皆有之，推而行焉，与己既无大损，而又能革薄从厚，亦何惮而不为也。"（《新唐书·朱敬则传》）他以"让"教育子弟。让，产生了无限化解的活力；让，可以避免和减少人与人之间的矛盾和摩擦，也是中华民族传统文化的一种美德。"宁让人，勿使人让吾；宁吃人之亏，勿使人吃吾之亏。"在"忍""让"的同时，你会获取更多远远超过"让"的东西，无论官场或者民间。世间诸事以"忍""让"为先，其意义作用亘古弥新，永远不会过时。

第四，仕途要清廉。在古人看来，为官必须自律正己，清正廉洁，尽忠职守，亲贤近能，勤政爱民，关心老百姓疾苦。这些为政的教化与智慧，如同一面镜子，至今光亮照人。家风也关乎着仕途的清廉。读书科举为官，是古人唯一的进身之阶，也是光宗耀祖的历史传承。"入则事父，出则事君"，出现并传承了不少教导子弟为官的家训。其一必须清廉，"忠勤以事君，清约以临己""修身洁己"等，都是家训里的名言。历史上出了不少贪官，也出了许多清官廉吏。宋代人包拯以清廉公正著称，他在家训里说："后世子孙仕宦有犯赃者，不得放归本家，死不得葬大茔中。不从吾志，非吾子吾孙也。"（《宋史·包拯传》）其二是勤勉公正，入仕就要恪尽职守，公正审慎。家训里有"战战栗栗""谨慎自守","为政敬身畏惧,不敢荒怠自安"的训诫,强调为官须小心谨慎,要洁身自好,公正行事。这也是为官的品德所在。

第五,平生要节俭。节俭是中国人的传统美德,"夫君子之行,静以修身,俭以养德"(诸葛亮《诫子》)。"俭",与"奢"形成鲜明对照,又可制约"欲"与"贪"。"俭,德之共也;侈,恶之大也……言有德者皆由俭来也。夫俭者则寡欲。君子寡欲,则不役于物。"(司马光《训俭示康》)节俭会使人减少欲望,奢侈会使人贪欲增多。要富而有德,富而好礼,富而能俭。因而家风教化不能忽视节俭。

第六,感恩品德与责任意识。传统社会父父子子,家庭等级关系森严。传统伦理道德教育具有其阶级社会的局限性,但对家庭人伦的重视和其中蕴含的对父母亲人的感恩教育仍具有当代价值。传统家庭道德教育,强调"百善孝为先",主张从内心深处培养美德,其包含谦敬、仁爱和责任等品质。

二、家风建设的时代共识

作为一种文化现象,家风传承训诫的基本内容见微知著,历代发挥过重要作用。新时代,在适时摒弃的同时,其精华仍凝聚着新时代的共识。天下之本在国,国之本在家。家庭是构成国家的细胞,家风家教构成了一个民族和社会的风尚底色。构建新时代风清气正的社会和国家,推进家风家庭家教建设是新时代的新课题。古圣先贤为我们留下了极其丰富的智慧,"从立身做人的德行,到处世创业的韬略谋划;从莘莘学子的学规学训,到官吏奉守的箴言;从人生哲理到家训家规"[①],都有极深的积淀和历史传承,是一笔丰厚的文化遗产。

家庭家教家风建设,既是家事,也是国事,家风建设在社会建设过程中仍发挥着重要作用。社会建设必须重视家风建设,家风建设与家庭伦理、社会伦理和政治伦理相融通,"私德"或者"公德"承载的基础是"爱"与"敬"。缘此,儒家先贤把"孝悌"看作是"为人之本"。家风与社会建设、村落文化

---

① 张艳国等:《家训辑览.总序》,武汉:湖北教育出版社,1996年。

银川市金凤区长城路街道宝湖社区家风家训馆（张绍慧/摄）

建设是相辅相成的，良好的社会建设有利于家风建设的推进，家风建设也是社会建设的坚实基础。培育道德家教家风、明德引领风尚、明德知耻的良好家风，底色是道德教养。家庭和睦、父慈子孝、兄恭弟悌、夫妻和谐、四邻和睦的基石，也是家风所传承的道德教养。以《诗》礼教人，以传统家风教化，能拥有"人心""历史心"和"文化心"。

教化的源头在家庭，教化的主体在学校，教化的氛围在社会，善良家风的构建需要家庭、学校和社会所形成的三位一体的合力。道德教育居于国民教育的首位，家风培育与社会教化的大氛围必须融为一体。传统文化的传承旨在弘道明德，品德的培育与提升，有助于建设好家庭，这是固本强基的事业，即涉及乡村治理，也是国家治理的重要内容之一。

良好的家风家教，传承了优秀传统文化。新时代家风家教建设，在充分挖掘传统优秀家规家训内容的同时，要融入新的时代文化内涵，要充分借鉴和吸纳古代优秀家训。仁义礼智、孝悌忠信，是家训文化的精髓。中国历史上传承下来的许多优秀的家训、家规，许多一生清正廉洁、以国家富、百姓安居乐业为使命的士大夫家族的家风，沉淀着对传统文化的创新，蕴藏着丰富的智慧，包括他们对国家和天下治理的思考。家风的核心理念往往与社会主流价值观相辅相成，儒家推崇的"孝、悌、忠、信、礼、义、廉、耻"，就是家风教化的核心理念。它具体融注在自强不息、厚德载物、诚信做人、礼敬他人的为人处世的准则之中，人生立身处世都折射着这个准则及其理念。同时，要凝聚时代新共识，融入民主、自由、平等、公正、法治、和谐等社

家风家训馆家风家训展示墙（张绍慧/摄）

会主义核心价值观的新理念，即注入时代价值观，在摒弃中完善家训的内涵，赋予家风以生机活力①。新时代家风家教的传承，需要在传统家训基础上延伸和创新。

2017年，宁夏首个家风家训馆在银川市金凤区长城路街道宝湖社区正式揭牌。此举，彰显了家风家训教化得到了社会的重视，同时也体现了家风家训文化传承的普及程度。

第二节　守真向善的淳朴民风

家风正则民风正，民风正则政风清。家国情怀和奉献精神，是家风传承的体现。憨厚、忠诚、朴实的民风，彰显着邻里守望、诚信重礼、守真向善的乡风民俗。

---

① 俞海萍：《家风正则民风正　民风正则政风清》，光明日报，2019年7月27日。

一、风俗与民风

在中国传统文化里,风俗是一个重要的话题。风俗,又称"流俗",常与习惯合称为"风俗习惯"。它是人类社会相沿积久而形成的社会风尚、礼仪、习俗等的合称,反映着一个民族或者地区各个历史时期的社会物质生活、经济水平、科学文化、社会心理和民族性格。它的基本特征表现在,一是传承性,二是变异性,三是社会性和历史性,四是民族性,五是地方性。它是由一个国家民众的文化追求、价值认同所形成的总体风气,古人认为这个风气正是关系到国家长远发展的最重要因素。[①] 宋代有个著名学者楼钥,他说"国家元气,全在风俗;风俗之本,实系纪纲"。风俗败坏了,就会影响到亡国。可见,在古人眼里风俗的重要意义。民风,指一个民族或一个地区民众共有的为人处世的志向、方法形成的风尚。民风又与民俗密切关联。

"十里不同风,百里不同俗",风俗界定民俗在地理空间上的差异。两千年前,司马迁在他的《史记》里就已经提出来了。"风"是风尚、时尚,"俗"是一种习惯,一种生活方式,反映在观念、制度与信仰方面实际上除了地理环境的影响与差异外,还有一个"风教"的问题,即后天的因素,即教化的问题。风俗影响地域人群,主要表现在两个方面,一是上下之间的影响,二是相邻环境的影响。文化的地域性非常明显,表现在风俗方面也有差异性。人的生活环境不是封闭的,会受到周边各种风俗的影响。所以,东汉著名史学家、文学家班固说:"痛乎,风俗之移人也。"可见风俗之作用。虽然风俗有差异,但道德标准的要求是一致的,必须有道德的认同,风俗的传承依托在道德的基础之上。反过来,风俗的认同直接影响着民风。古代在推进国家治理方面,也十分看重风俗的重要意义,"观风俗,知得失,自考正",包括考察吏治等。这就要推广教化,读书明理。把"仁"与"礼"当作做人的根本、立国的根本,人人都懂仁义,都有德行,都推崇贤良,民风焉有不正之理。

---

① 彭林:《古人为何如此重视风俗》,光明日报,2020年4月25日。

二、移风易俗与乡村治理

移风易俗，是一个弥久而新的话题。自古及今，是中华民族生生不息推进的文化建设工程中的重要内容之一。儒家倡导的修身、齐家、治国、平天下的治国理念，在读书人的行为中内化于心，外化于行，思考着社会治理问题。乡村治理，是移风易俗回避不了的话题。

乡约，即乡规民约，类似于当今的乡村文明公约。乡约是一种乡里公约，内容包括人们的日常生活，如互相劝善戒恶、淳厚乡村风俗等，是邻里乡人互相劝勉共同遵守，以相互协助救济为目的的一种乡约民规。乡村治理的根本，是培育和形成守真向善的民风。在古代，乡村移风易俗与乡村治理最为便捷有效的方式是《乡规民约》的订立。宋神宗年间，陕西蓝田吕氏兄弟四人制定了我国历史上最早的"村规民约"——《吕氏乡约》，其约规内容主要包括德业相劝、过失相规、礼俗相交、患难相恤，它是按照礼义道德规范对民众进行教育和约束，对于扬善抑恶，移风易俗是一种颇为有效的组织形式，对明清乡村治理影响甚大。《吕氏乡约》中明确规定，邻里应互助互爱，"患难相恤"；对贫困但守本分的乡人，"众以财济之，或为之假贷置产以岁月偿之。"乡约制度其实质是一种民间的自治制度，所谓"官为民计，不若民之自为计"，而在某种意义上，这种制度又是乡村民间需要救助者自发救助的形式。这是乡村治理方面的创新，得以传承于后世。

具体的操作与实施过程，由乡村中的村民自愿加入，具体的方法是在地方上推举一位德高望重者出任约正、两位有学行者为约副，此外每月另选一人为"直月"。月终如有善行者则加以奖励，有过错者则加以劝改。对于犯错误者，则记录在案以督促众人，而不可救药者，则开除出约。在乡约内部，如果"若约有不便之事"则进行民主讨论以"共议更易"。这种奖罚有章的程式起到了良好的劝诫作用。明代著名思想家、教育家冯从吾赞扬说，《吕氏乡约》在关中推行以后，"关中风俗为之一变"，《乡约》的约束作用有其特殊的效应。明代哲学家王阳明为官于江西时，有感于地方民风，制定了《南赣乡约》："孝尔父母，敬尔兄长，教训尔子孙，和顺尔乡里，死葬相助，患难相恤，

固原市泾源县大湾乡杨岭村 村规民约（邓娜/摄）

善相劝勉，恶相告诫，息诉罢争，讲信修睦，务为良善之民，共成仁厚之俗人。"家风、乡风教化皆在其中，落脚点仍在"风俗"上。乡约关乎风化，对后世影响很大。明代以后，乡约的盛行，是乡村治理的良方，而且被传承了下来。文化发达的地方，乡约基本没有中断，是一种有效约束的制度。在国家推进法治与德治兼备的当下，《乡规民约》是乡村德治的形式之一。它既是乡村治理德化教育的传统形式，也是铸就向善民风巨大的潜在能量。

三、乡贤与民风

乡村，是中国传统文化根脉所在，也是滋养城市社会的丰沃土壤。乡贤称谓，明代已经出现。是指在乡村有德行、有才能、有声望，且深为乡人推崇敬重的人。自古及今，有"在乡"的乡贤，有"不在乡"的乡贤，他们都情在乡梓。古代乡贤，是一个以德为先的文化和身份阶层。新乡贤，是热心故乡公益事业的复合型精英群体[①]。当下意义上的乡贤更为宽泛，不分年龄、职业，只要为乡里谋发展，有热情和担当，具有创新开拓能力，为人正直公道、有公共服务精神，受人尊重的村民，以及其他具备一定资质的社会志愿者，都可以成为现代乡贤群体中的一部分，这里主要说的是当下意义上的新乡贤。乡村治理是国家治理的重要内容和基础，推进乡村治理现代化是推进国家治理现代化的必然要求。在今日乡村文化建设过程中，推进乡村治理现

---

① 姜方炳：《"乡贤回归"：城乡循环修复与精英结构再造》，浙江社会科学，2018年第10期。

代化，乡贤的作用显得尤其重要。

在城市化和现代化快速推进的过程中，乡村社会面临着许多困境。面对这个难题，传承并发扬乡贤文化成为一种共识。"三农"问题，是稳定社会的重大现实问题。"新乡贤""新乡村"与"乡贤文化"，是近年高度关注的话题。尤其是"乡贤与乡贤文化"，扮演着乡村社会建设和文化建设的重要角色。乡贤文化自觉与践行，成为乡村内部精英对乡村建设的主动担当。中国传统文化中，乡贤是指有崇高威望、为社会做出过重大贡献的人，是根植于乡土文化的社会力量。"新乡贤"的社会建构，体现的是中国乡村社会发展过程的特殊价值，尤其是社会力量的凝聚。爱国、敬业、诚信、友善，是公民个人层面的价值准则。它既是社会主义时代的价值观，也是中华传统文化与时俱进的当代体现。新乡贤，是新时代社会主义核心价值观在个人层面塑造的精神力量，是传统乡村社会型的"尚贤敬德，奋进向上，造福乡梓"人格品德的传承，也是其传统品格在当今价值观层面上的提升和高扬[①]。

推动乡贤治理的回归，对于完善乡村治理意义重大，在治理资源和社会效应方面有着明显的优势。第一，可强化和解决乡村文化建设与乡村治理内生力量的问题。内生秩序依赖于人与人之间的关系，借助乡贤所拥有的广泛的社会关系和资源、个人威望和人格魅力，整合乡村内外各种社会资源，为乡村振兴提供实质性的帮助和推进，并以此凝聚村民共识。第二，可以弥补乡村治理体系的欠缺。中国乡村悠久的自治历史与传承，在乡镇政府与乡村之间，在乡村实行村民自治之后，农民"民主选举、民主决策、民主管理、民主监督"，乡贤回归参与乡村治理，其角色变得非常重要。一是可以在"乡"与"村"之间、"官"与"民"之间起到协调与润滑的作用，即社会群体或个人进行的乡村建设的活动，尤其是协助政府解决"想办而无力办"的事情。二是在村干部与村民之间发挥桥梁与纽带作用，沟通了各种关系，凝聚了人心，是乡村社会最具有话语权的群体。第三，提升了乡村公共服务的能力，

---

① 王先明：《"新乡贤"的历史传承与当代建构》，光明日报，2014年8月20日。

如乡村道路的整修、公共水电设施建设、文化设施建设、公共文化服务活动等。在美丽乡村建设的过程中，类似公共服务能力的提升显得尤其重要，乡村政治、经济和文化建设都需要新乡贤参与其中。

乡村、农业、农民问题，是关系党和国家事业全局的重大问题。早在2013年中央乡村工作会议上，习近平总书记就指出："中国要强，农业必须强；中国要美，乡村必须美；中国要富，农民必须富。"党的十九大报告中提出"产业兴旺、生态宜居、乡风文明、治理有效、生活富裕"，是对乡村振兴的总体要求，其中就有"乡风文明"建设的问题。在乡村振兴过程中，要留住乡愁、保留淳朴的民风、提升乡村文化的影响力，是乡村社会和谐稳定和长期发展的基石。乡村文化中蕴含着中国优秀传统文化的丰富营养，挖掘乡村优秀文化，同样涉及乡贤的引领作用。

浙江衢州市柯城区花园街道有一个上洋村，是全国民主法治示范村、全国乡村治理示范村。1992年，为化解分田到户的矛盾，上洋村制定了本村首个《村规民约》。28年来，全体村民共同参与村级治理，形成村务公开、透明的治理模式。每三年修改完善一次《村规民约》，不合时宜的内容删去，需要完善的内容吸纳进来。2020年疫情暴发以来，一位90岁的老人给衢州市委、市政府写信，倡议使用公筷公勺。老人的此举，是乡贤文化的直接体现。上洋村倡议使用公筷公勺，提出"防疫保安全，有礼过大年"，这一条最终写进了《村规民约》。上洋村将推行公筷公勺放在村民自治大背景下，又利用村规民约助推，进而引导村民共同遵守新规、倡导新风，这正是一种符合乡情、可操作的好方法，也体现了乡村治理的智慧[①]。用公筷公勺一事进入《村规民约》，使用公筷就是保护你我，体现真正的尊重与关爱，也是时代进步的标志。事情虽小，意义重大，一是显示《村规民约》制定的与时俱进性，二是彰显了《村规民约》的绝对约束性。它可以摒除以往的陈规陋习，养成良好的生活习惯。由上洋村《村规民约》的制定，尤其是与时俱进新内容的吸纳，可

---

① 张桂芬、严红枫等：《浙江衢州："烂柯人"如何改变千年习俗》，光明日报，2020年4月7日。

以看到乡贤的视野和为村民服务的胸怀，更可以看到《村规民约》在乡村治理过程中所起到的重要作用。它既能推进移风易俗，又能建设文明乡风，有助于提升社会文明、培育健康文明新风尚。

在良好乡村风气的传承与弘扬方面，乡贤有着积极的影响力和推动作用。在建设美丽乡村的过程中，传统文明乡风的传承、社会主义核心价值观的教育等，乡贤潜移默化的影响甚为重要。它有助于培养爱家爱乡、淳朴善良的乡村民风，让村民树立起对家乡建设的使命感和责任心。乡贤精神需要挖掘、传承和创新，当下乡贤精神的实质是通过本地区历代乡贤名流的德行贡献，凝聚成民众共同的精神内涵，并由此而形成认同意识，共同的人文传统，终极目的是内化、积淀并渗透于乡村民众的集体心理之中，以敦厚民心，养育民风，凝聚乡亲乡情，激励社会风气向上，影响青少年一代见贤思齐，薪火传承，民风永续。

第三节　底蕴深厚的乡贤文化

乡贤与乡贤文化是一个历史概念，也是一个文化概念，它是传统文化的重要组成部分。宁夏乡风文明的历史积淀丰厚，明清以来，宁夏地方志书里记载了许多当时人们视野中的"乡贤"。乡贤文化的背后，体现的是儒家文化理念。乡贤本身实乃传统社会内在的有机性与生命力的一种表现。儒家文化支撑乡贤自身滋生着一种自发性，蕴藏着一种独有的奉献精神。乡贤在传承文化的同时，传递的是一种服务于社会和民众的价值取向，如兴办学校、修路补桥，赈灾义举等社会公益行为。在实现中国梦新的历史时期，历史上影响深远的"乡贤文化"再度回归，同样凝聚着新的生命力，是实现中国梦的文化根基。"看得见山，望得见水，留得住乡愁。"山水、乡愁，融注在乡贤的文化视野里。伴随着中国特色社会主义的新时代，在传承乡贤文化的新时代,"新乡贤"将会成为基层干部、乡村贤达、有为人士的方向。"贞下起元,斯文复振",新时代乡贤文化已引起社会的高度关注;"在朝美政,在乡美俗",是乡贤文化传承历史的新境界、新使命。

梳理和研究历史上的宁夏乡贤,旨在追溯一种文化意义上乡贤文化的传承。乡贤文化的研究,既包括古代乡贤,也着力探究新时代的新乡贤和乡贤文化,尤其是后者。前者追溯的是一种文化积淀,后者彰显的是新时代的新要求,尤其是国家战略视域下乡村振兴对新乡贤的期待与推崇,包括其文化意义和时代价值。乡贤文化研究的提出,是未来村落繁荣、乡村振兴的全新课题。新乡贤新在现代,新在党的领导,新在社会主义,新在中国特色。乡贤文化研究在追溯乡贤历史的同时,探索乡贤文化在当下乡村建设与乡村治理过程的时代价值、文化自觉与践行路径,以新乡贤文化引领乡村振兴。

一、乡贤与乡贤文化

(一)乡贤的源起与变迁

中国的乡贤源起于汉末。"汉武帝与董仲舒携手,确立起霸王杂道之制度框架和思想格局,于是国家与社会实现了各有分际的良性互动,表现为立五经博士、察举选官以及标榜以孝治天下等。"[①]在这个文化背景下,地方乡贤或"命配县社",或"营立祠宇",经历了汉唐盛世。宋元明清以后,又不断地整合融于文庙,乡贤的文化影响力不断提升,从地方民间上升到社稷国家的政治文化层面。

古代乡贤,是因为其德行显著而在本地被推崇且身后受到祭祀的人。"乡先生没则祭之于社,皆乡贤也。"[②]据《后汉书》记载,祭祀乡贤最早可追溯到东汉末年,是孔融首创了以宗教文化祭祀乡贤的形式。"孔融为北海相,郡人

---

① 袁灿兴:《中国乡贤·序》,北京:新星出版社,2015年。
② 汪森辑:《粤西文载》,北京:商务印书馆,第341页。

甄士然、临孝存知名早卒,融恨不及之,乃命配食县社。"①由此,历代有了祭祀乡贤之俗。

立德、立功、立言,体现的是中国传统文化里的"三不朽"说。它适宜于庙堂之上的国家栋梁,也适宜于关注社会的乡村贤人。缘此,建功立业,荣光乡梓,是谓乡贤。乡贤的传承,由先贤祭祀演变而来。如果加以区别,尚可分为两类,即地方乡贤与为官于地方且为老百姓拥戴、多有政绩的官员。为官于其地而惠泽于民者谓之名宦;生于其地而德业、学业著于世者谓之乡贤。在宋元时期,乡贤和名宦都一并称为先贤。明朝建立后,朱元璋重视对天下的礼乐教化,完备天下祀典是其主要内容之一,尤其是对乡贤的祭祀活动。真正把名宦与乡贤祀典在庙学中普遍化且成为一种制度,是在明代。明朝成化、弘治年间,乡贤的祭祀活动进一步规范,乡贤祠与名宦祠逐渐分开。

儒学与孔庙相结合,称为庙学。庙学时代的学堂,是由教学与祭祀两个空间构成的。明代庙学的祭祀空间不断拓展,先后出现了乡贤祠、名宦祠、启圣祠等祭祀场所,清代继续沿袭明代祭祀乡贤的制度,"凡有品学为地方所推崇者,死后由大吏题请,祀于其乡,入乡贤祠,春秋致祭"。②乡贤祭祀承载着人心,历久而不衰。

(二)何谓乡贤

乡贤是一个地域上"才"与"德"皆突出的人物,乡贤文化是中国传统文化的重要组成部分。明代乡贤与名宦各有其祠,各有祭祀的渠道。明代嘉靖十三年(1534),官方给乡贤有一个界定:"生于其地,而有德业学行著于世者,谓之乡贤。"这种界定有局限性,实际上也不是这样。明代人蒋冕(1462—1532,官至首辅内阁大学士),对乡贤也有一个说法:"生于其乡,而众人共称其贤者,是为乡贤。"他说的与官方的大意一样。当代学者提出乡贤

---

① 范晔等:《后汉书》,北京:中华书局,第2263页。
② 《辞源》,北京:商务印书馆,1980年,第3215页。

的三个基本要素——地域性、知名度、道德观①,这在理论上都没有错,但具体到宁夏,情况就比较复杂。

宁夏是历代移民戍边屯垦区,有的乡贤的确是移民者的后裔,生于宁夏这块土地。有的名宦在宁夏戍边,但不一定生于宁夏,但他们同样受到世人的推崇而进入祭祀之列。如出生于宁夏、官至兵部尚书、撰修《弘治宁夏新志》的进士胡汝砺,还有移民军屯宁夏、为时人推崇的宴公及其宴公庙。因为"宁夏多江南人,故立是庙以祀之"。②宴公列入乡贤祠,就可以褒扬他的功绩,以激励后人。宁夏情况特殊,明清移民较多,不能以籍贯作为标准来判定其是否为乡贤。

对于新乡贤的界定,范围更宽,空间更大,不受地域的影响,"只要有才能,有善念,有行动,愿意为乡村建设出力的人,都可以称作新乡贤"。③这是有道理的。中共中央办公厅、国务院办公厅印发的《国家"十三五"时期文化发展改革规划纲要》解释文学中描述乡贤文化:"乡贤文化是中传统文化在乡村的一种表现形式,具有见贤思齐、崇德向善、诚信友善等特点。借助传统的'乡贤文化'形式,赋予新的时代内涵,以乡情为纽带,以优秀基层干部、道德模范、身边好人的嘉言懿行为示范引领,推进新乡贤文化建设,有利于延续农耕文明、培育新型农民、涵育文明乡风、促进共同富裕,也有利于中华传统文化创造性转化、创新性发展。"界定和未来发展是清晰的,体现的是一种视野。当然,我们当下面对的主要还是生于本土乡贤这个层面。

在何谓乡贤的理念上,我们的视野可以更宽泛一些。这里可举一个例子。浙江仙居县城之西有一座千年古镇,名为皤滩。北宋时有一位名为胡公的人,做过北宋时的财政长官、兵部侍郎等,他是永康人。他的妻子是皤滩人,但在南宋时皤滩人就修建了胡公殿。明万历时重修,1992年又复修胡公塑像并

---

① 王泉根:《中国乡贤文化研究的当代形态与上虞经验》,《中国文化研究》,2011年。
② 《嘉靖宁夏新志》卷之二,宁夏人民出版社,1982年,第101页。
③ 钱念孙:《新乡村呼唤新乡贤》,《光明日报》2016年,3月13日。

建造胡公纪念堂。这里有一块石碑刻文,题目是"毛泽东论胡公大帝"!碑上有文:1959年,毛泽东接见浙江永康县委书记时说:"……永康胡公大帝才是最出名的。胡公大帝不是神,不是佛,而是人,他是北宋的一个清官,为人民做了很多好事,人民纪念他,所以香火长盛不衰……。"胡公虽不是皤滩人,但皤滩人视他为神。从某种意义上说,胡公是为官的乡贤典范。在皤滩人的心目中,胡公仍是被追念的乡贤,传承的仍是乡贤文化。

从传承的时间顺序看,前代乡贤皆进入当地先贤祠,成为受到老百姓爱戴的祭祀人物。但进入乡贤祠的人物,不受时间限制,既有历代传承的贤达,也有当世的贤能俊杰。无论传承的先贤,还是当世的乡贤,人们推崇、选择、认定的择取标准基本是一致的,这就是"三立"(立德、立功、立言)观的体现。实际上"三立"不是被割裂开来的,它们之间有着内在的必然联系,只有"三立"立得起来,才能造福于一方。这是老百姓所认可的看得见、摸得着的实绩,也是老百姓推崇和祭祀的乡贤。

名宦进入乡贤,要政绩卓著,铁肩担当,无畏强敌,为民请命(立功),为官清廉,不依附权贵(立德),文章传世,影响世风(立言)。贤达进入乡贤,地方士人出仕后政绩卓著,致仕后效力于本乡土者(立德),躬耕于乡,孝行感人,修桥补路,赈灾善举(立功),文章传世,兴办学校,教化地方,传承文化(立言)。无论名宦还是乡贤,皆为居于乡土之人,其言其行,乡人能切身感受到,会产生一种"见贤思齐"的精神引领作用。

(三)乡贤的类型

乡贤,也称乡绅,是乡村中知书达理并以德服众的人。为人正直,处事公道,急公好义,闻名乡里,他们是村庄里的道德典范和精神领袖,也是村庄社会秩序的守护者。按乡贤的表现形式,有研究者将其分为品德高尚、风节著闻、文章显著、政绩卓著四类[①],基本上涵盖了乡贤的表现内容,诸如为官清廉、孝行动人、气节感人、优秀文章和著作的教化作用与积极影响,居

---

① 张玉娟:《明清乡贤文化浅析》,商丘师范学院学报,2008年第4期。

乡期间大兴义举,为人民生活稳定和当地社会发展作出的极大贡献等。古人眼中的乡贤,是"有以德行称者,有以风节闻者,有以文学著者,有以事功显者"。①对于乡村来说,乡贤的政绩最具影响力。政绩由义举来体现,如设义仓、建义田、设义学、建桥修路、救灾等。无论是哪一种表现形式,都在通过他们的社会实践与亲力亲为为国家、为社会、为人民"立德,立功,立言",赢得人民的推崇。

乡贤的概念与内涵随着时间的推移也在发生着变化。到了清代,有没有出仕为官的经历,已经不是能否成为乡贤的必需条件,只要为乡里作出贡献,诸如在地方上设立义仓、设立义学、建义田、修桥补路、救灾赈济等这些公益事业,是和谐社会的善举,赢得了老百姓的心,受到了老百姓的推崇,他们就可以成为民众视野里的乡贤。在推举的程序上,明清两代乡贤的确立,先由地方民众公举,再报经由官方审核批准,之后才能进入乡贤祠。近代以来也是这样的程序,在表现形式上多以乡贤牌楼的造型出现,民间多以立碑纪念的形式出现。同样彰显的是乡贤的功德言行,荣光乡梓,丰神仁意,山高水长,如张謇的实业救国、卢作孚开发北碚等。

追溯历史,可以看出乡贤是中国传统社会的支柱,这不但体现在社会与乡村事务之中,而且是引领社会进步的精神龙头。他们是中国传统社会的杰出人物,他们治理社会的卓越品行,奉献社会事务的担当,弥补了诸多社会治理领域的欠缺,维持了社会基层乡村的和谐秩序。乡贤精英们的身上,承载着社会发展与进步的深层动力。用今天的社会理念来诠释乡贤,乡贤体现了传统文化中的忠孝、仁义、自强、勤奋、爱国等诸多价值观。正是这些传统文化价值观,在实现中国梦的今天,仍极具历史意义和现实意义。每个时代都有每个时代的乡贤,中国特色社会主义新时代,同样需要这个时代的新乡贤,同样需要新乡贤引领社会。传承和弘扬传统文化里的乡贤文化,就是新时代新乡贤文化的创新,他们的嘉言懿行可垂范乡里,可育化文明乡风,

---

① 徐一夔:《四库全书文渊阁影印本》,北京:商务印书馆,第248页。

有利于小康社会的实现。乡贤拥有广泛的社区外部社会网络,乡贤的资源有益于当代美丽乡村的建设。

(四)乡贤文化

有乡贤之称谓,就孕育传承了乡贤文化。所谓乡贤文化,既包括古代乡贤们留下来的文物、文献、传说,包括他们热爱乡土,关心乡村世道人心、维护乡村社会秩序、以德服人的优良传统和文化精神,也包括现代乡村精英对传统乡贤精神的继承、践行与创新[①]。在近两千年的时空中,乡贤文化生成、演绎并发展成为中国文化独有的领域,成为中华文化的重要组成部分。即使在近代中国引入警察制度之后,乡贤在乡村的影响力依然不可低估。时至今日,经济能力较强的地区,文化传承与保存较好的乡村,乡贤的角色并没有销声匿迹,仍在发挥着作用。乡贤文化是乡土文明的承载者,作为一种文化现象,它不是单纯的表现形式,它与地域文化、方志文化、姓氏文化、名人文化有着密切的关联,但又有自己的特殊研究内涵与价值。

近十余年间,乡贤文化逐渐成为学者们关注的共同话题,媒体也给予大力支持。地方报纸如《南通日报》《福建日报》等不断刊文宣传乡贤;《光明日报》《中国文化所》《农民日报》《人民日报》等重要报纸纷纷刊出相关热议乡贤文化的内容。2015年,"创新乡贤文化"被写入中央一号文件。梁漱溟认为:"中国问题并不是什么旁的问题,就是文化失调。"[②] 因此,乡贤文化的自觉对于当代乡村文化建设有着特殊的意义。新世纪乡贤文化的研究在构建和谐社会、传承民族精神、激励年青一代将发挥特殊的作用,尤其是党的十八大以来,提倡再造乡贤文化、推进乡村振兴战略、留得住乡土乡愁等文化发展战略方面,有着深远的历史意义和重要的现实意义。

---

① 季中扬、胡燕:《当代乡村建设中乡贤文化自觉与践行路径》,江苏社会科学,2016年第2期。
② 梁漱溟:《乡村建设理论》上海人民出版社,2011年,第23页。

二、乡贤文化的传承

乡贤，按照当下的诠释看，就是品德和才学为乡人所推崇敬重的人。从传统文化意义上看，乡贤是指品德高尚的人，封建社会的兴盛期十分推崇乡贤及其意义。这里的乡贤，不是以现代乡（镇）村的对应点来看，而应是从地域的层面来审视。随着时代的发展变化，乡贤的概念古今还是有区别的，在称谓上也有变化。对于乡贤，历代地方志书都有详尽记载。现在我们一般能看到的明清以来的地方志书里都有记载，而且是作为一个独立的门类来对待的。

（一）乡贤文化的传承过程

以宁夏为例，现存最早的《宁夏志》，是朱元璋第十六子朱㮵就封宁夏后撰写的一部地方性志书。在书里，他没有将与乡贤有关的这些人物冠以乡贤，但却列举了乡贤这一类人物，如举贡、人物、孝行、名宦，这几类人物，实际上就是乡贤所能涵盖的内容。《嘉靖宁夏新志》里，已经专门列了"名贤祠"这个门类，与城隍庙等各类祠祀祭坛等宗教建筑相并列。乡贤祠就建于宁夏镇城之南，其基本指导思想是"祀国朝巡抚、督储之有惠政者"。[①] 进入乡贤祠的人，就是当时有"惠政"的人，这一点十分明确。同时，进入乡贤祠的人不是由政府或者官方来定夺，而是地方老百姓来推崇、来修建祠堂，体现的是民众的意志。"镇人各捐资有差，以易材木、砖石"[②]，是用老百姓自愿捐献的钱来修建的。在乡贤祠记文里写道："夫德厚者感深，誉隆者恩洽，民之于上也，得一分之赐，则万分之感，况夫有万分之赐者乎！"凡与地方文化建设有贡献，凡有恩于地方老百姓者七人进入乡贤祠。嘉靖六年（1527）五月动工，来年5月落成，记文出自当时的陕西籍状元康海之手，虽说的是民间的事，但记载历史的文化层次却很高，也反映了当政者同样看重乡贤文化的特殊价值。

[①]《嘉靖宁夏新志》卷之二，银川：宁夏人民出版社，1982年，第97页。
[②]《嘉靖宁夏新志》卷之二，银川：宁夏人民出版社，1982年，第97页。

明代还有一种与乡贤祠不同、但同样反映了地方老百姓推崇的建筑——生祠。祠的本意是一种祭祀的名称。祠堂是供奉祖先或生前有功德的人的地方。这就是说,有功德的人死后才能修建祠堂。可明代对活着的人也修建祠堂,明朝正德五年(1510),就藩宁夏的庆王后裔朱寘鐇,以诛杀朝中大宦官刘瑾为名在宁夏起兵,宁夏镇游击将军仇钺平息兵变有功,保护宁夏镇城安然无恙,宁夏镇城的老百姓非常感激他,捐资为他修建生祠以祀。当代人说当代事,当代人推崇当代人,这种寓教于"祠"的做法,教化的意义更直接,更具体,也更有传承意义。实际上,也是乡贤祠的一种。

清代《宣统固原州志》里,将历代在固原为官或在乡里有突出表现的人都列入乡贤,包括宦迹、选举、忠孝节义、列女等。但也有称"乡献"的。清代《乾隆宁夏府志》就以乡献来相称,内容与乡贤大致一样,但也有了区别。区别在于,乡贤的确是指在地方上作出让后人追念的功德,乡人自愿推崇和怀念的人。而乡献就有些宽松,大凡在地方为官或地方名流,基本纳入了乡献这个范畴,在取舍上不完全一样。他既包容了乡贤一类人,也列举了严格意义上乡贤以外的有作为的人。

民国时期的《盐池县志》,同样以乡献来记载这一门类的人。在作者看来,进入乡献的人,都是"一邑贤哲",都有着"嘉言善行",可以记载并传之后世以激励后人。相对也显得宽泛了,但无论如何,历史上地方的贤哲都得以记载并传承下来了。

以上所列明代、清代、民国时期的地方志书,对于名贤这一类地方历史文化的精英的记载和传承,使我们从中看出在推动社会历史前进的过程中,有功于社会,有功德于地方历史文化建设的人,是大浪淘尽的精英。唐代史学家刘知幾在他的名著《史通》中,对唐朝以前的史籍做了全面的分析和批评,对记载地方历史文化的重要典籍——地方志书的价值做过分析和判断,尤其是对地方志书里的乡贤这部分内容非常看重。他在《史通·杂述》里说:"郡书者矜其乡贤,美其邦族。"这就说明在唐代以前,人们就非常关注地方乡贤与地方历史和文化繁荣与建设的关系。

（二）明清宁夏乡贤的代表

乡贤是地域上才德突出的人，乡贤文化是中国传统文化的重要组成部分。中华民族的方志传统源远流长，是历代乡贤们记载和传承地域文化的重要载体。宁夏历史悠久，乡贤众多，他们的功绩或记载于正史，或记载于地方志书里，他们是宁夏古代乡贤的代表者。追溯他们的功绩，仍然让后人怀念。

朱栴（1378—1438），明太祖朱元璋的第十六子。洪武二十五年（1392年）就藩宁夏。朱元璋死后，继任者建文皇帝、明成祖朱棣对宗藩势力深感忧虑，开始对宗藩的政治与军事权力限制和削弱。尤其是宣德以后，宗藩的政治地位明显降低，地方官吏开始和宗藩分庭抗礼。宣德（1426—1435）朝仅10年时间，朝廷对王府宗藩做过多方面的限制：不得参政，不得出仕，不得任京职，二者不得相见，不得自置官吏等。这样一来，现实处境迫使大部分宗人避嫌远祸，或埋头经史，研读著述；或托身佛道，遁入空门；或寄情山水，歌咏自然。朱栴属于前者，《宁夏志》就是在这种政治背景下撰写的。

朱元璋不但对他的诸皇子进行军事方面的培养和教育，还十分重视文化教育。亲王就藩后，朱元璋还要给王府精选教授以继续教育。同时，还要赠送大量的古今图书，帮助各王府建立图书馆。朱棣取得皇位之后，奉行朱元璋的政策，继续为各王府赠送图书，鼓励宗室注重文化教育以涵养品行。这种独有的文化政策和氛围，对明代王府和宗人产生极大的影响，不少亲王都精通典籍，博学多才，对当时的文化建设作出过贡献。朱栴，就是从这个皇室家族走出来的文化人。《嘉靖宁夏新志序》里说："藩府庆靖王问学宏深，好古博雅"，体现的是文化人的精神状态。

这种文化背景不但为朱栴提供了丰厚的文化条件和良好的读书环境，而且以王府为藏书中枢，形成了一个独特的文化群体。这个文化群体，还包括对古籍的校订和刊刻，为宁夏的历史文化留下了丰富的遗存。《宁夏志》是现存最早的宁夏地方文化志书，编纂者是庆王朱栴。《宁夏志》分上、下两卷，内容涉及历史沿革、地域风俗、城池街坊、寺观祠庙、学校贡举、山川古迹、河渠屯田、驿传津渡、池盐马牧、名宦僧侣、诗词题咏等，反映的是宁夏历史地理和文化的全貌，尤其是明代。同时，也可看出朱㮵在宁夏生存数十年之后，对宁夏历史地理、山川形胜和文化承载等诸多方面的熟悉程度和研究深度，包括钟爱的程度。《宁夏志》，通常称《宣德宁夏志》，这是指在宣德时期刊刻问世的。朱元璋的子孙辈中，朱㮵是一个人品与才华并重的皇子。《宁夏志》开宁夏外来文人文化与地方本土文化融合之先河，是明清以来宁夏"士"文化的源头。

胡汝砺（1465—1510），字良弼，号竹岩，明代宁夏左屯卫人（今银川市）人。地方志书记载，胡汝砺天资聪颖，读书刻苦，明朝成化二十二年（1486）中举人，次年中进士，授户部主事。"监理清源刍粟，力祛宿弊，狡吏莫之敢奸。"清廉耿直，擢任户部郎中，督饷山西。之后，曾出任山西大同知府、西安知府、顺天府（今北京市）丞，治理地方的阅历丰富。正德三年（1508），擢升户部左侍郎，不久又兼任都察院右副都御史。两年后，擢升为兵部尚书，未到任而过世。胡汝砺为官一生，"善于人交"，以孝子闻名，乐于善施。

明代宁夏镇，主要是军事屯田与边防，属于重要的移民区，移民大多来自南方。同时，也有不少遭贬谪的文人移居宁夏。胡汝砺祖籍为应天府溧阳县（今江苏省溧阳市）人。明代初年，其祖父胡雄"明医术，坐累"而谪戍宁夏，胡汝砺属于第三代，已是真正的宁夏人。

作为乡贤的胡汝砺，在引行孝道、乐善好施的同时，他的主要贡献是为后世留下了记载宁夏历史的《弘治宁夏新志》。弘治十二年（1499），胡汝砺父丧，回宁夏镇居家守制，以尽孝道。其间，受宁夏巡抚王珣之邀请，主持《弘治宁夏新志》的修撰。博学多识的胡汝砺"考经史，参旧志，询之稗官故老，采以金石之文、百家之说。古今事有关于地方者，上而天文，下而地理，中而人物，收录无遗……用心勤且劳矣"。（《弘治宁夏新志序》）当然，《弘治宁夏新志》在短时间内能得以成稿，胡汝砺的门人管律等人也是有功绩的。弘治十四年（1501）春，重修宁夏志稿完成，全书共八卷，涉及宁夏建制沿革、古今人物、宁夏镇所辖长城沿线驻军等。同时，增加了不少历史考证的内容，如赫连勃勃考证、拓跋夏考证等。更为难得的是《弘治宁夏新志》前附有《国朝混一宁夏境土之图》《宁夏城全图》,地理方位与重要军事设施、宁夏镇城军政、王府建筑格局等清晰可辨。

　　《弘治宁夏新志》的撰修,为后人了解和研究明代以前宁夏政治、军事、经济、文化等历史背景与走向,提供了大量珍贵的历史文化信息,具有重要的参考价值。"开卷一览,宁夏千百年已然之迹,殆不出户庭了然于心目间。"(《弘治宁夏新志序》)这就是《弘治宁夏新志》传世的价值所在,也是主持修撰者胡汝砺为后人留下的文化瑰宝。

　　从文化意义上审视,明代人杨经也是乡贤里的精英。杨经是明代宁夏镇平房城(今平罗县)人。正德十一年(1516)以《春秋》魁中举人。嘉靖五年(1526)进士,出任直隶大名府(今河北大名县)推官。任上"操行纯洁,历官清廉"。奉母迁居固原期间,悉心搜集史料,编撰《嘉靖固原州志》。时王琼出任固原陕西三边总督,总统延绥、宁夏、甘肃军务。杨经修撰的《嘉靖固原州志》呈请王琼裁正,于嘉靖十一年(1532)春,刊刻印制面世。

　　《嘉靖固原州志》分两卷,志书前附有固原州城图和固原疆域图。内容包括建制沿革、山川古迹、前代人物、陕西三边总督等内容,是固原目前留存下来的第一部地书,为我们了解和研究明代以前固原历史文化、军事政治,包括经济等提供了宝贵的史料,是固原历史文化积淀的重要组成部分。

　　王学伊,字平山,山西文水县人,清代光绪二十年(1894)进士。光绪三十一年(1905)九月,出任固原州知州。第三年,兼任固原州儒学学正之职,十分关注固原的文化教育。地方志书,是地方百科全书。固原自明代嘉靖、万历两朝编修《嘉靖万历固原州志》以后至清末,数百年间未修地方志书。王学伊出任固原知州后,主持撰修了清朝《宣统固原州志》,记载和传承了固原地方历史文化。清代末年,清政府废科举,兴新学,西方先进文化逐渐渗透到传统文化之中。《宣统固原州志》里有许多新的内容进入,王学伊也接受了一些新思想,在《宣统固原州志》里得到了长足的体现。作为一代州官的王学伊,早已成了历史的过客,但他留下的《宣统固原州志》却是一份宝贵的文化遗产。从乡贤的意义上追溯,他的许多做法都有其先进性,值得后人追念。

  王学伊出任固原州知州伊始,就实地考察固原地理环境和社会现状。在他的视野里,地瘠民贫。"民艰,元气未复,颠连疾苦者踵于道,为之恻然。"体恤民间疾苦之情油然而生,他以设立"同仁局"为请,"以恤穷黎"。① 所需经费皆由自己的捐廉俸银中支付。这个同仁局,不仅仅是贫困者有饭吃,实际上关乎多个方面,诸如教育、医疗、养老、孤贫等。一是传达善书,为贫困者送上传统启蒙读物,如《朱子家训》《孝经》《弟子规》《劝诫录》一类启蒙经典,还包括一些风俗方面的书籍,达两千六百余部。二是施散药丸,如纯阳救苦丹、藿香正气丸、七珍丹等,包括一些刀伤药,每年散发各类药物近百斤之多。三是备舍棺木,凡路毙极贫者、乞丐病死者,可索请领取棺木加以掩埋。先后舍棺木80余具。四是散发寒衣,每年冬季采购羊毛,制作毡衣,并令巡警局预先查明人数,到同仁局领取。数年先后散发寒衣近两千套。王学伊的善举,还影响着固原州署同僚,固原州城文武官员也捐资相助寒衣。五是孤贫者近30人,每月给食粮和盐茶钱。

  除以上同仁局的善举之外,王学伊还以捐廉俸银的形式创办了巡警总局、军流习艺所、戒烟施药公司、农业试验厂、养济院、栖流所、中学堂、宣讲劝学公所。在固原州城创办巡警总局,是为了强化地方治安,为社会提供相对安全的社会秩序。创办军流习艺所,为流刑发配军中服杂役者(狱囚)提供技术性劳动场所,主要是工艺类,如织绒毡、织布等,制作一些花带、髻网等简单的实用品,为社会提供小商品。戒烟施药公司,类似于现在的戒毒所。自1840年中英鸦片战争以来,鸦片之害流毒全国各地,不但外来鸦片进入固原,而且本地罂粟种植越来越多。王学伊"力图自强",禁食鸦片,在固原城关帝庙设戒烟公司,捐廉银五百两作为配制戒烟药丸之资本。

  创办固原中学堂,是王学伊在固原教育发展史上留下的浓墨重彩的一笔。他任知州期间,固原书院已倾圮不堪,境内生员无处就学,他购得固原城提

---

① 《宣统固原州志》,西安:陕西人民出版社,1992年,卷9。

署街郎姓旧宅，以其廉俸银作为抵押，领银一千五百两，主持修建固原中学堂，包括礼堂、书库、操场等配套设施，全部工程完工于清宣统元年（1909）。固原中学堂的创建，是固原近代以来文化教育的一座里程碑。

作为乡贤的王学伊，在固原州知州任上，利用他的影响力，以捐廉俸银的善举，为社会多方面作出了贡献。他既为官，又服务于固原社会的各个阶层，而且吸纳了西方文化的先进理念，即使在百年后的今天，他的善举，他的精神，他的境界，都堪称楷模。

张缵绪（1879—1947），字禹川，回族，原籍甘肃省张家川。童年家境贫寒，少年丧父，由母亲抚养。私塾七年，乡试未能如愿。清光绪二十七年（1901），甘肃陇南连年大旱，张缵绪带着家眷随同逃荒的饥民到了固原。在举目无亲的固原，他拜访了固原城清真寺学东冯老四。冯家有个车马店，他就做店里记账的活并赢得了冯家的信任。冯家发财开起商号后，就将车马店租赁给张缵绪经营，每年租金300两白银。张缵绪将店名改为"万顺店"，生意兴隆。他手里有了积蓄后，将万顺店买回来自己经营。当时固原城里有句顺口溜："宁开万顺店，不做固原知县。"

张缵绪的自学精神和处世之道，为当时固原百姓所推崇。他在万顺店里办起了私塾。随着入学人数增多，校舍、桌椅和课本等有了困难，他便向社会延伸，向热心地方教育事业的殷实富户劝募办学资金。在官方和民间的赞助下，在固原城南门外的任家巷建起同仁小学。这是固原历史上的第一所回民小学，大家共推张缵绪当校长。此时，民国已经建立，张先生响应政府新学体制，选用民国新课本。同时，张缵绪也以他的特殊身份参加各种社会活动。由于他处事公道，赢得了群众的高度信任。1921年，政府提倡新学，男女平等之风吹到了固原山城，他又设法开办了同仁女子小学，开妇女解放之新风[①]。《民国固原县志》记载，张缵绪为固原人，民国初年任固原县教育会会长。民国二年（1913），由州官王学伊联络士绅张缵绪筹设高等小学，并由张缵绪出

---

① 马辰：《回族学者张缵绪先生事略》，《宁夏文史资料据》第25辑。

任校长。再改称同仁小学,后改为中山中心小学校。1929年兼公款委员会会长。1937年,任财政监理委员会会长。1944年,临时参议会议长,1945年,第一届县参议会议长,阅历丰富,是民国时期固原教育家,深深地影响着固原教育发展。张缵绪过世后,固原群众为了表达对他的悼念,曾抬着他的巨幅遗像送行。在送行的队伍中,每个回汉男女皆戴白孝,手持焚香挥泪告别。①

《民国固原县志》载有叶超的《张缵绪德教碑赞》文字,记述了张缵绪的人生经历。他喜欢"儒业",弱冠即入学校,"举孝廉方正"。民国建立之初,在甘肃张掖有过出仕的经历。之后,"解绶归",回到固原,"惟肆力于地方教育",为固原地方教育付出了心血。实际上,早在他获取秀才功名后,即创办同仁学校。及河西返回再度接手同仁学校时,改革课程设置,亲自出任教员,"阐发同仁之旨,尤为孺子所未前闻。因之仰风之士,赢粮相从,执卷忻然,一时称盛"。固原城教育办得风生水起,对民国初年固原教育发展起过重要作用。离开学校后,出任固原县教育会会长,继续教育管理工作。

清代末年,著名学者安维峻在固原主持书院讲学时说过:固原历史上的武将层出不穷,但读书人却寥落如天上的星辰。这与固原历史上军事生态和地理环境有关,教育一直处于劣势。民国初年邑人张缵绪创办学校毕生倾心于教育事业,改移世风,为社会造福,赢得了世人的赞许,也成为后人追念的先贤。

(三)古今乡贤的异同

古代乡贤,大都耕读传家,家境殷实。他们自幼熟读儒家经典,深受儒家礼仪教化的影响,为人正直,处事公道,急公好义,闻名乡里。在中国数千年"皇权不下县,县下惟宗族,宗族皆自治,自治靠伦理,伦理造乡绅"②的文化传承过程中,中国乡村有着悠久的自治历史与传统,自然地理意义上

---

① 马辰:《回族学者张缵绪先生事略》,《宁夏文史资料据》第25辑。
② 秦晖:《传统中华帝国的乡村基层控制:汉唐间的乡村组织》,《中国乡村研究》第一辑》,北京:商务印书馆,2003年。

的乡村没有国家权力机构存在，村庄秩序的守护者就是乡贤。当代意义上的乡贤，由于高科技和现代化的高度发展，乡贤的业绩和对地方经济社会、文化建设的作用、包括影响直接作用于当代，为当代人所感知、所激励。此其一。其二，历史上地方乡贤和乡贤文化，后人是通过地方志书记载来了解和传承的。与历史上的乡贤相比，历史典籍或地方志书里的乡贤，大多都是有功名的文人和武将，除个别类似于忠义、孝廉、列女之外，基本是为官于地方的文化人。当代意义上的乡贤，除少数地方名流外，大多却是从地方上走出去的有开创能力，有先进经营理念，已经基本完成原始积累的能人。其三，乡贤的影响力。历史典籍里的乡贤，是地方历史文化的重要组成部分；当代乡贤，是指有作为于地方经济社会发展和提升文化影响力的楷模和他人的精神动力。当代意义上的乡贤，直接作用于社会，尤其是改革开放40年来的作为，还有中国走向世界的大背景的推动作用。乡贤文化的内容更为宽泛，不仅仅是历史层面，而且涉及政治学、社会学领域。

总体上，乡贤的官府意义在淡化，地方民间意义在不断提升。

（四）传承古乡贤与再造新乡贤

乡贤与乡贤文化，是中国传统文化中的重要组成部分。传统社会中，一个乡村就是一个小型社会，有其区域性的文化生态系统，地域性的历史记忆是维系集体认同感的文化根基。这是古代乡贤与乡贤文化传承的文化背景和主客观原因。乡贤文化的传承与历史进程和社会发展关系密切，古代乡贤文化是在封建社会的历史背景下传承并走过来的，有其特殊的生存空间和传承模式。文化的传承往往伴随着创新，乡贤文化亦不例外。新乡贤与新乡贤文化，也是从传统乡贤文化的土壤中传承创新而来的。从对乡贤与乡贤文化、古乡贤与新乡贤的界定中，我们能清晰地看到他们之间的关系。随着社会转型，乡贤主体已发生了变化，传统乡绅阶层早已退出了历史舞台，企业家、学者、地方文教工作者、返乡大学生、退休官员形成了现代乡贤群体。与古代乡贤相比，他们服务于乡村的形式发生了变化，现代社会的高科技也为他们提供了方便，无论在城市还是在乡间，他们都能如愿以行。

乡贤文化的传承，对古乡贤文化的了解与研究至关重要。只有深入了解古代乡贤的作为，才能形成崇拜与向往，才能激发出热爱家乡、造福桑梓的心愿。宁夏明清地方志书里记载的乡贤与乡贤文化，包括一些传说和故事，必须让民众在日常生活中有一定程度的了解，耳濡目染乡贤的道德精神，让人们在习得中形成精神熏陶，才能充分发挥乡贤文化的化育作用[1]。

再造新乡贤，是现代乡土文化自觉的需要，是乡村振兴的需要，是实现小康社会的需要，是社会转型的需要。一是新乡贤文化有利于激发乡土情怀，维系集体认同感。二是乡贤文化自觉有助于重塑乡村人文精神整体风貌，凝聚乡村文化建设的内生力量。三是形成文化自觉背景下各路乡贤的回归，当代乡村自治需要乡贤文化的自觉。

建立各种乡贤组织，凝聚广大群众力量，是未来乡村振兴的主要抓手。2015年，中央一号文件明确提出"创新乡贤文化，弘扬善行义举，以乡情乡愁为纽带吸引和凝聚各方人士支持家乡建设，传承乡村文明"。2015年9月的《人民日报》分别刊登了《重视现代乡贤》《用新乡贤文化推动乡村治理现代化》的文章，地方政府亦开始高度重视乡贤与乡贤治理问题。政府倡导与地方乡贤文化的重视，将会进一步推动新乡贤文化的开展，新乡贤文化与乡村振兴将紧密地融合在一起。

从地域文化的意义上，乡贤文化就是地域文化的集大成者。它主要体现在：一是历代官员的"惠政"与"为民"留下的故事。二是历代文化人留下的能代表和反映地域文化的诗歌，我们能解读出其中的历史文化信息和重要的历史事件。三是对当时地方城市文化建设的推进。四是书院的设置与学校教育等。历史文化意义上的乡贤，他们的历史贡献和影响是多方面的。当时的城市建筑物早已不存在了，但它对一座城市的城市文化有着非常深刻的影响。因为，文化是有传承性的。现在能够看到的，就是他们留下来的大量的

---

[1] 苏雁、孙宁华：《乡贤的道德精神是可以"看见"的：苏州大学教授罗时进谈乡贤文化》，光明日报，2014年8月13日。

诗词歌赋，这是一笔宝贵的财富。在这大量的诗歌中，蕴藏着每一个地方的历史文化。在他们的诗歌里，不仅能看到地方历史的影子，也能看到文化传承的今昔。同时，使后人看到了历史上地方乡贤的所作所为和精神境界。这种潜在的文化影响力，是不能低估的，尤其是在大力倡导和谐社会的今天，对于地方文化的提升有着特殊而重要的作用。

乡贤文化的传承性。"和"作为中国古代文化哲学的重要范畴，指事物存在和发展的一种基本状态以及人与人之间的良好关系。和谐社会，是人类社会所追求的一种社会现象，"和"的观念贯穿古今。古代社会，乡贤也在不断地寻找着和谐，在尽可能地完善着理想世界中的和谐社会。现在，国家大力倡导和谐社会的推进，大力提倡社会主义核心价值观。这种文化现象的追求，最终要落实在具体的人身上，由具体的人来体现。社会价值的体现，人的素质的提升，是源自多个方面的。究其因，传统的优秀文化，地方文化里的精华，都是要充分汲取的。从这个意义上说，每个人都有自己生存过的地方，对养育自己的山川故乡都怀有特殊的情感。因此，地方志书里承载的地方乡贤文化，对于土生土长的地方人来说，更具有教育意义，也更具有激励作用。

所谓和谐社会，是多层面都能得到体现的社会——诚信、公平、创造、可持续发展等都要同步推进。我们这里说的仅是和谐社会的一个侧面——乡贤文化对和谐社会的影响，说是一个侧面，实际上也融会着多元内容。

乡贤文化的传承，不能停留在"发思古幽情"上，着眼点要回到现实。将对乡贤的崇敬和仰慕，转化成一种特殊的动力，"见贤思齐"，为乡村社会经济和文化建设服务。乡贤文化如同一座桥梁，一条通道，将古代与现代通过文化衔接起来。乡贤文化的推进，既要挖掘和研究历史上的"古贤"，也要重视和宣传在社会各界作出贡献的"今贤"。这是历史传承，也是文化积淀，容易激发人们的历史情思。

古代乡贤与现代乡贤的作为。从"惠政""为民"的层面说，古今是相通的。从形式与内容说，又不一样。现在所说的乡贤，大多是指从生存地走出去的人，在有了创业积累之后回报社会的一种形式。改革开放四十年来，涌现出了不少事业有成的优秀人物，当历史的车轮运转到一定时空的时候，这些优秀人物就要回报社会、回报故乡。在创建和谐社会的精神追求中，乡贤把个人的追求融入人民利益的追求之中，把个人的奋斗融入地方经济社会和文化建设之中，与政府实施的新乡村建设同步推进。

近年，乡贤回报社会、回报故乡的感人事例不断涌现，主要体现在各类公益事业、筹措资金、发展地方经济文化、兴办企业以解决劳务输出等方面，浙江上虞乡贤文化开展得有声有色。不少活动都与新乡村建设相伴相随，诸如图书与电脑捐赠、校舍的装修、孤儿院的资助等。更有教育意义的是，有的地方为加强爱国主义教育，增强爱乡的情感，搭建了乡贤与孩子们联系的桥梁，建立"乡贤馆"，不但展示了地方历代乡贤的照片和资料，而且浓缩了中国近代史上著名爱国民主人士的生平和简介资料，让孩子们对国家、对家乡有更直观、更深刻的了解和认识。有的地方中学还建立"乡贤厅"，不但对乡贤人物和事迹有专题画像和资料介绍，而且将地方历史文化名人"惠政"的事迹编成教材，乡贤精神进入了课堂，乡贤精神成了一种文化。知乡贤、颂乡贤、学乡贤成为文化和思想道德建设的组成部分，乡贤教育在多个层面上起着特殊作用，尤其是经济社会和文化发展方面。

和谐社会需要和谐文化。古代乡贤在为地方社会发展和文化建设"惠政"的同时，和谐社会的功能就融注在其中。当代意义上的乡贤，在为社会、为地方、为家乡作出贡献的同时，同样发挥着和谐社会的重要作用，与和谐文化建设是相通相融的。从文化意义上说，和谐文化建设的过程，必须继承和发扬一切优秀的文化，这自然就包括古代优秀的乡贤文化。从地域文化的意义上看，这就是丰富的地方文化遗产。当代意义上的"乡贤"们，他们必然要汲取地域文化的精华，结合时代精神加以继承和发展，真正做到了古为今用。和谐社会，"既是充满着活力的社会，也是团结和睦的社会"。这就要弘扬和谐精神，尊重知识、尊重人才、尊重劳动、尊重创造，在这个前提下，才能在全社会形成万众一心、共创伟业的时代新局面，努力形成"我为人人，人人为我"的社会氛围。在这个历史过程中，乡贤的作为，将与和谐社会的推进融为一体。

二、新乡贤的作为
（一）乡贤文化的弘扬与培育

无论从传统意义上的乡贤文化，还是当下大力倡导和推进的"新乡贤"文化，传承和现实都有一个交融点，它的文化根脉是一致的。乡贤文化对于培育社会主义核心价值观、建构和谐社会、传承民族精神、激励青年一代都有着深远的历史意义和特殊的现实意义。继承和弘扬有益于当代的乡贤文化，发挥新乡贤的示范引领作用，要用他们的嘉言懿行垂范乡里，涵育文明新风，让社会主义核心价值观在乡村深深扎根。这是乡贤文化弘扬与培育的根本所在。

乡贤文化的培育，首先是乡贤在人们视野中的肯定和推崇。乡贤文化的弘扬，首先要着眼于历史传承，保护乡贤文化资源。其次，要弘扬乡贤精神。乡贤精神的文化内涵，是鼓励社会向上、敦厚民心的根本动力。再次，乡贤文化的弘扬，不能只在建筑物里、故纸堆里挖掘，还要在人们生活的时代里寻找。乡贤文化是多元的，有官乡贤、富乡贤，也有成功的回乡能人、返乡大学生和大学生村官，更有隐居陋巷、不事张扬的乡贤。乡贤是一个多元群体，乡贤文化也是靠一个群体来影响民众的。

中国自古有尚贤的传统，乡贤文化是一个地域的精神文化标记，也是一个连接故土、维系乡情的精神纽带，在国家治理和社会稳定方面发挥着不可替代的作用。新乡贤是中华优秀传统文化在当代乡土的守护者，是社会主义核心价值观在新乡村的倡导者和践行者。习近平总书记强调，"要认真汲取中华优秀传统文化的思想精华和道德精髓，大力弘扬以爱国主义为核心的民族精神和以改革创新为核心的时代精神，深入挖掘和阐发中华优秀传统文化讲仁爱、重民本、守诚信、崇正义、尚和合、求大同的时代价值，使中华优秀传统文化成为涵养社会主义核心价值观的重要源泉"。社会主义核心价值观不仅是中国特色社会主义核心价值观的重要组成部分，也是中华民族传统文化、道德伦理观念在现代社会的重要体现。当代乡村出现的道德高尚、能力突出、技能与文化兼备，有强烈社会责任感的新乡贤群体，形成了新乡贤文化。乡贤文化是极具亲和力的多元文化的体现，是践行社会主义核心价值观的重要推手，也是乡村振兴的动力源泉。在推进乡村治理的过程中，一定要充分发挥新乡贤在继承传统文化与弘扬社会主义核心价值观的践行者作用、乡村公共事务代言人的作用、乡村基层组织建设的领头雁的作用。乡贤文化与社会主义核心价值观的基本要求是一致的，是乡风文明的基石，也是一种精神力量。

（二）新乡贤群体融入

在中国传统文化中，乡贤是扎根于乡土的社会力量，他们关注的是乡村社区的公共利益和事业发展。中国农耕文明在延续的过程中，乡贤一直是社会秩序得以维系的重要社会角色。新乡贤这个群体，他们"出自乡村，成就于城市；成长于乡土，弄潮于商海"，在乡村与城市的内在关联上有其天然的亲和力和更为深层的乡土情结。传统文化根植于乡土之中，人地关系承载着一种特殊的感情，亘古而未变。新乡贤文化建设传承或秉承的正是这一传统文化的根或者底色。

乡贤文化已成为当今精神文化研究的重要内容之一，其宗旨是直接服务于本地区的社会经济文化。乡贤文化在构建和谐社会，传承地域文化，宣传乡贤精神，弘扬励志、激浊扬清等方面有着积极的作用。在影响和提升青少年的素质教育方面，同样有着现实意义。乡贤文化来自本乡本土，对于乡土人群来说，它有着共同的人文历史背景和传统、生存环境、认同思维和心理意识，有利于本乡本土民众文化自信心的提升、自尊心的增强，激励乡村精神向上向善。关注和研究乡贤精神的教化激励作用，是乡贤文化在新时期所具有的特殊价值和现实意义。

（三）乡贤文化的引领与新乡贤的培育

2015年以后，新乡贤文化研究不但进入学者的视野，也进入政府层面，培育新乡贤成为共识。历史不能断层，文化要有传承和创新。习近平总书记指出："要治理好今天的中国，需要对我国历史和传统文化有深入了解，也需要对我国古代治国理政的探索和智慧进行积极总结。"治理社会主义新乡村离不开中国优秀乡村文化的继承与创新,乡贤文化正是优秀文化的重要组成部分,而且被赋予了时代的新意。

乡贤文化根植于乡土,贴近于乡情,蕴藏着见贤思齐、崇德向善的内在力量。以"贤"作为乡贤文化的核心,理应科学阐释和积极培育当代新乡贤观念。我们所说的新乡贤,不局限于家世出身、籍贯居所,只要个人在人文、社会、科技等领域取得突出成绩,且具有一定的影响力,都可以认定为新乡贤。只要个人的德行威望与能力成正比,具有热爱乡梓、护佑乡亲的赤子之情,始终以德为先,以德为上,敢于担当,勇于奉献,就能归入新乡贤[①]。观念的革新虽然与传统乡贤概念的认定不完全一样,但时代背景的变化与互联网时代已经打破了传统地域上居住形式的界限,包括乡贤人群的地域结构。

党的十九大提出了乡村振兴战略,全力推进小康社会的实现。目前,我国乡村社会已经发生了巨大变化,但传统社会的架构并没有完全坍塌。作为乡村有声望、有能力的长者和贤人,乡贤在乡村社会治理中的影响力仍在,地位仍然重要,尤其在协调类似乡间人群之间的矛盾冲突方面不可或缺。有研究者把新乡贤认定为两类,一类属于在场乡贤;另一为属于不在场乡贤。其实,在便利的通信和交通条件下,无论在场与不在场,只要是关心和支持家乡发展的乡贤,他们的思想观念,知识和财富都能影响到乡村,都能把现代价值观传递给村民,把知识技能传递给乡民。乡贤文化有凝聚力和感召力,当代中国乡村需要乡贤文化的复兴。

三、乡贤文化与乡村振兴

乡村振兴战略以产业兴旺为重点、生态家居为关键、乡风文明为保障、治理有效为基础、生活富裕为根本,乡村振兴旨在通过乡村建设发展激发乡村的内在潜能,塑造乡村现代化风貌。其中,文化如何扮演角色并发挥作用至关重要。一方面要传承文脉留住乡愁,一方面要发挥乡贤的正能量。乡贤

---

① 张雯靖:《新乡贤文化:乡村治理的时代选择》,光明日报,2017年6月2日。

文化是维持乡村秩序的重要基础。

（一）传承好乡贤文化

农民生存依托的是土地，乡村振兴必须振兴乡村文化，重塑乡村社会规范。伦理、道德、村规民约、风俗习惯是乡村治理的重要载体。乡村仪式文化缺场、乡风民俗衰落都是乡村文化建设的短板，乡村文化建设工作中普遍存在重视娱乐活动而忽视道德建设的问题。因此，乡村振兴不仅是一个单纯的经济议题，它已经超越了产业发展和经济范畴，涵盖了经济、社会生活、文化多个领域。乡村振兴的要义在于文化，在于乡贤。保护和传承历史文化是乡村振兴的重要使命，党的十九大报告中指出："要深入挖掘中华优秀传统文化蕴藏的思想观念、人文精神、道德规范，结合时代要求继承创新，让中华文化展现出永久魅力和时代风采。"在挖掘、传承和创新的基础上要大力培养新乡贤和乡贤文化，让新乡贤成为乡村振兴过程中的正能量。打造"田园综合体"，乡贤是美丽乡村建设的重要力量。

改革开放以来，中国乡村已发生了很大变化。乡村振兴的过程中，面临着很多困境，主要是乡村精英流失，乡村"空心"化加剧，乡村社会失去了自治与发展的内在力量。现在，传承和发扬乡贤文化已成为一种共识，要选择乡贤为突破口。乡贤来源于群众，最了解群众，能与群众息息相通。乡贤的影响不是来自行政力，而是来自人格的感染力。乡贤和乡贤文化，都指向传统乡村。要重构乡贤文化，改善乡村治理。历史悠久的农耕文明，传承的是耕读传家、守望相助、自强不息、敬畏自然的人文道德，彰显的是涵养教化、泽被乡里、凝聚人心的乡贤文化。宁夏正在大力实施文化扶贫工程[①]，要以乡贤文化为精神纽带，联系故土，维系乡情，引领道德风尚，传承乡村文明。

（二）产业兴旺与重塑乡贤

小康社会的实现，需要新乡贤参与新乡村的建设和治理。一方面，新乡贤文化建设是对传统乡村社会"尚贤敬德、造福桑梓"的人格品德的传承；

---

① 王建宏：《宁夏大力实施扶贫工程》，光明日报，2018年1月16日。

一方面，也是传统文化品格在社会主义核心价值观层面上的融注和提升，蕴藏着乡村社会发展的内驱动力。在这样一个环境与氛围中，新乡贤们的经验、技艺、财富以及文化修养和道德力量，就会参与并融入新农村建设和乡村治理过程。在做好传承的同时，新乡贤的当代构建会水到渠成。

重构乡村权威，重塑现代乡贤，推动乡贤治理乡村已成为共识。破解乡村治理困局，首先要立足中国乡土社会实际，深层仍在文化。费孝通先生说过："从基层看去，中国社会是乡土性。"[①] 乡土中国、乡土社会，是熟悉的、信任的社会关系。"正是这种熟悉的、信任的社会关系，让充满智慧的中国古代统治者选择了乡村自治的基层治理模式，并让乡村自治传统在中国延续数千年。"[②] 这是乡贤文化得以传承数千年的历史背景和深层原因，也是乡贤治理回归乡村的时代价值和现实意义所在。

重塑现代乡贤，是对传统乡贤文化的传承与创新。推动乡贤文化治理回归，是新的时代背景下乡贤文化与村落的重新对接。现在的乡村已不完全是费孝通先生笔下的乡土中国，但乡土中国的文化基因仍在，热心乡村公益、乐善好施、造福桑梓的乡民认同仍在，熟悉与信任的关系仍在，乡贤治理仍旧契合了当下乡土中国的国情。

第一，乡村精英大量外流，普通强壮劳力多外出打工，村子里多老年人和小孩，这些问题加剧了重塑美丽乡村建设的难度。从村子走出去的公务人员、教师等退休后，或待在城里，或随子女到更远的大城市。因此，乡村振兴，引贤回乡，乡贤文化的回归、推动乡贤治理回归，首先是乡贤的回归。这些乡贤拥有广泛的社会关系、较高的个人威望和人格魅力，通过他们的影响力可以整合乡村内外的经济、政治、文化资源，加强乡村内外的联系，凝聚村民的共识，逐步恢复乡村的治理生态。所谓乡贤治理的内生机制，正是从这些方面来体现的。

---

① 费孝通：《乡土中国》，上海：上海人民出版社，2013年。
② 李建兴：《乡村变革与乡贤治理的回归》，浙江社会科学，2015年第7期。

第二，乡村实行村民自治以后，农民实施"民主选举、民主决策、民主管理、民主监督"的过程中，乡贤回归参与乡村治理，以他们的视野、渠道和人脉，在乡与村之间发挥桥梁纽带作用，形成多元治理主体的合力。在运转的过程中，会弥补现行治理体系管理的不足，包括提升公共服务的能力。"有乡贤的乡村才是和美的，有乡贤的乡村才是宜居的，有乡贤的乡村才有明天。"这是乡贤与乡贤文化推进的未来期待。

第三，大学生返乡创业和大学生村官为乡村发展带来新的活力。政府有计划地安排一部分返乡的大学生和大学生村官到乡村，为他们提供了一个历练的全新平台。首先，他们发挥了"文化反哺"功能，对于改变村民思想观念、提高农民文化素质、加快新农村文化建设，具有十分重要的现实意义。党的十九大报告提出，乡村振兴，文化要先行一步。其次，年轻的大学生来到乡村，他们推进的乡村发现、乡村旅游，不但给乡村带来实惠，而且极大地改变和提高了人们对乡村的认识。第三，他们的不凡作为，给乡村社会带来很大的冲击力和影响力。不但带动了有志大学生返乡发展，而且影响到来自城市的一些有想法而且有能力的人，开始有计划有目的地来到乡村，实现他们的人生价值。第四，随着乡村振兴的推进和乡村环境的改善，这些外力的影响会进一步增强，包括乡村外流精英的回归。这些接受了现代城市文明的乡村大学生、返乡青年农民工以及大学生村官，虽然不是我们所探讨的传统意义上的乡贤，但他们实际上已成为新乡贤文化的重要组成部分。

实施乡村振兴战略，需打破制约人才发展的瓶颈。要畅通智力、技术、管理下乡通道，造就更多的乡土人才（乡贤）。培育新型农民显得更为重要，让新乡贤带头人现身说法，用现代先进科学的经营管理技术发掘农业潜力，激发乡村活力。乡村振兴离不开土生土长的人才，更需要专业人才回到乡村，引领带动乡村产业发展。

武汉市强力推进"市民下乡，能人回乡，企业兴乡"（简称三乡工程）[①]，

[①] 夏静、武改声：《市民下乡　能人回乡　企业兴乡》，光明日报，2017年11月28日。

实施与脱贫攻坚相结合的乡村振兴战略。鼓励和引导在外创业有成、热爱家乡的创业能人、社会贤达等，返乡创办实业，反哺家乡建设。鼓励和引导有社会责任感、有经济实力的企业家到乡村投资创业，利用乡村资源，带动农民致富。这种乡村振兴的方式从长远看，还是在推进乡贤与乡贤文化战略，以回乡创业带动"三农"发展。乡贤人士作为乡村社会民意和价值观的代表，是乡村基层社会治理非常重要的社会资源。乡贤文化包含着多元文化内容，诸如道德伦理、地域文化、和谐文明、特色产业等，让富有学识、技艺专长、财富和道德素养的新乡贤参与当代中国乡村治理和建设，乡贤治村仍是乡村社会治理的一个重要的发展方向。

（三）以文化铸魂

"设神理以景俗，敷文化以柔远。"南齐人王融（466—493）写在其《曲水诗序》中的这句话，道出了文化对人的精神思想、社会能力培养等方面的深远影响。习近平总书记明确指出："乡村振兴既要塑形，也要筑魂。"魂就是传承传统文化、地域文化、乡贤文化。在乡村振兴过程中，一是要以社会主义先进文化塑造新时代的村民，二是用中华优秀传统文化反哺乡村振兴，三是要让革命文化在乡村薪火传承，这是乡村振兴战略的文化需求，也是增强乡村文化软实力的重大工程[1]。乡村治理，是乡村振兴的重要途径，治理的根本是文化。

乡村振兴在很大程度上体现着法治与德治的紧密结合。乡村治理重教化，作为天然的教化空间，千百年来乡贤承担着对村民行为的引导、规劝与教育功能，让人们达事明理，明辨是非善恶。它潜移默化地强化着人们的行为规范，内化人们的道德准则，彰显着乡村教化的重要意义。乡村德治教化，即乡贤文化的介入。这既是党和政府对新乡贤的期待，也是乡村民众对新乡贤的期盼。乡贤与村落治理的过程中，会越来越重视将德治与法治紧密结合起来，重视乡村治理中道德力量的运用，期待实现精英主导与大众参与的有机统一。

---

[1] 骆郁廷、刘彦东：《以文化为乡村筑魂》，光明日报，2018年5月8日。

同时，乡贤的介入有利于改善村民的生产和生活条件，这也是乡贤乡村治理的重要任务，意在将经济发展与道德文化建设兼顾起来，一并推进。乡贤治理，在一定程度上是中国乡村治理的士绅传统在当代的复苏。新乡贤文化，正是乡村治理过程中的时代选择。通过发挥新乡贤的示范引领作用，让社会主义核心价值观在乡村深深扎根，推进乡村振兴。

中央乡村工作会议明确指出乡村振兴战略，既包括经济、社会和文化振兴，也包括治理体系的创新和生态文明的进步，是一个全面振兴的综合概念。其中，关键和重点是产业兴旺，这是发展的基础。乡村治理体系的形成，包括健全自治、法治、德治相结合，这里增加了德治在乡村治理中的作用。乡贤是乡土文化的精灵，是乡风民俗的教化者。德治的路径就需要乡贤引领，培养富有地方特色和时代精神的新乡贤文化，发挥其在地方治理中的重要作用。

四、宁夏新乡贤

（一）新乡贤融入

在中国传统文化中，乡贤是对有作为的官员或有崇高威望、为社会作出重大贡献的社会贤达的尊称。乡贤是扎根于乡土社会文化的社会力量，他们关注的是乡村社区的公共利益和事业发展。在数千年中国农耕文明延续的过程中，乡贤一直是社会秩序得以维系的重要角色。乡贤文化传承着乡贤这个社会角色的特殊使命。近代以来，帝国主义的侵略使中国社会与文化发展的历史进程被逆转，乡贤或乡绅力量继替的制度保障出现了历史性断裂[1]。乡贤文化传承受到了影响。

2015年，中共中央、国务院正式提出了社会主义新农村建设的战略思想，把新农村建设纳入当地经济和社会发展的总体规划，"全面建成小康社会"，使之成为党和国家战略布局的重中之重。新农村建设在社会主义物质文明、精神文明、政治文明、社会文明和环境生态文明五大建设中，融入了属于自

---

[1] 王先明：《"新乡贤"的历史传承与当代建构》，光明日报，2014年8月20日。

己的新内涵，新乡贤文化建设顺应而生，它以深厚的历史传承与当代社会创新性要求，成为社会主义核心价值观的重要组成部分。

乡贤文化已成为当今精神文化研究的重要内容之一，其宗旨是直接服务于本地区的社会经济文化。乡贤文化在构建和谐社会，传承地域文化，宣传乡贤精神，弘扬励教，激浊扬清等方面有着积极的作用。在影响和提升青少年的素质教育方面，同样有着现实意义。乡贤文化来自本乡本土，对于乡土人群来说，它有着共同的人文历史背景和传统、生存环境、认同思维和心理意识，有利于提升本乡本土民众的文化自信心、自尊心、敦厚民心、滋养民风，见贤思齐，激励乡村精神向上向善。关注和研究乡贤精神的教化激励作用，这是乡贤文化在新时期具有的特殊价值和现实意义。

（二）宁夏的新乡贤

2015年以后，新乡贤文化不但进入学者的视野，也进入政府层面，培育新乡贤成为共识。治理社会主义新农村离不开我国优秀乡村文化的继承与创新，乡贤文化正是优秀文化的重要组成部分，而且被赋予了新意。国家"十三五"规划纲要已将新乡贤文化写入其中；2017年中央一号文件也将培育新乡贤文化与社会主义核心价值观相契合，与弘扬传统文化的优秀内容是一体的，尤其与习近平治国理政新思想是完全一体的。

在这个时代背景下，宁夏新乡贤与新乡贤文化的传承与创新，同样引起了地方政府的高度重视。2016年以来，同心县开展第一届乡贤评选活动，成长于乡村，奉献于乡村的李宗道、马汉德、王克成等9位获得第一届乡贤的称号。金凤区评选出5位新乡贤；隆德县评选出13位新乡贤。彭阳县虽然未推选新乡贤，但以彭阳籍新乡贤为倡导，齐心献力于脱贫攻坚，指向是清晰的。从文化导向上，政府也在通过一定的形式来展示乡贤文化的当下意义。2015年、2016年，宁夏公务员考试，就有新乡贤文化与乡村治理的话题。宁夏自古就有尚贤的传统，前面我们追溯在明代地方志书里就看重乡贤及其引领作用，乡贤文化作为传统文化的重要组成部分，包含着乡村治理与经验，是千百年来促进乡村和谐稳定发展的一块基石。

乡贤文化根植于乡土，贴近于乡情，蕴藏着见贤思齐、崇德向善的内在力量。以"贤"作为乡贤文化的核心，理应科学阐释和积极培育当代新乡贤观念。我们所说的新乡贤，不局限于家世出身、籍贯居所，只要个人在人文、社会、科技等领域取得突出成绩，且具有一定的影响力，都可以认定为新乡贤。只要个人的德行威望与能力成正比，具有热爱乡梓、护佑乡亲的赤子之情，始终以德为先，以德为上，敢于担当，勇于奉献，就能归入新乡贤[①]。这些观念的革新虽然与传统乡贤概念的认定不完全一样，但时代的变化与今天的互联网时代已经打破了传统地域上居住形式的界限，包括乡贤人群的地域结构。加之宁夏在历史上是传统的移民地区，本籍乡贤有他们自身的担当。如果我们将乡贤文化的地域空间放大，以改革开放近40年的时空考察来看，除了宁夏本籍乡贤与乡贤文化，域外空间上的乡贤文化更是亮点纷呈，彰显着新时代的特点，体现的是我们乡贤文化的大格局。这里，我们选择有代表性的被社会和民间认可的乡贤，将其纳入新时期宁夏新乡贤之列。

吴尚贤（1920—2001），宁夏青铜峡人。著名水利专家，1946年毕业于重庆中央大学水利系，毕业后被分配到前黄河水利委员会宁夏工程总队工作。一年多之后调到甘肃省水利局，参与山丹川口沙河截引地下水工程，主持修建了高台县马尾湖水库、武威黄羊河灌溉工程等。1951年，借调回宁夏工作，参加了宁夏平原秦渠上段扩整，主持了中华人民共和国成立后宁夏第一条新渠——农场渠的修建。此渠全长30余公里，修建过程应用了钢筋混凝土、桩基等新技术、新材料，当年修建，当年竣工，当年冬灌。1952年，开始整治唐徕渠，采用"裁弯取直"的办法，下大力气将旧渠道的弯度取直，使银川西门以南的渠身缩短了十余公里。这样，使得渠水流速加快，流量增大，惠及宁夏平原农业的发展。此外，他还参与了宁夏平原引黄灌区其他干渠的整治，包括排水沟的修建等。

1958年之后的几年里，宁夏的水利建设重点转向南部固原。其间，吴尚

[①] 张雯婧：《新乡贤文化：乡村治理的时代选择》，光明日报，2017年6月2日。

贤参与并领导了清水河、葫芦河、泾河三大水系的水利规划，开工并修建的各种大中小型坝十余座，原州区沈家河水库就是当时修筑的较大水库之一。其间，他住窑洞，吃黄米，喝苦水，不畏艰难，奔波于各水库工地，为南部山区人民造福。几十年过去了，至今沈家河水库仍发挥着灌溉作用，而且成为原州区最大的水域，水上旅游开发已引起高度关注。

1964年他受了不少委屈。回乡劳动期间，仍关心着黄河水利事业。"文化大革命"时期，担任固原地委书记的程焕卿和吴尚贤是老朋友，知道他是水利方面的专家，曾借调他到固原，给当地领导当高参，帮助固原搞水利建设。这个经历与中央一台曾经播出的电视连续剧《初心》里，农民将军甘祖昌在"文化大革命"时期为了修水库，将当时的两位水利专家请出来为民造福的故事一样。他在固原的三年时间里，为固原各县修建水库30多座，发展水浇地20多万亩[1]。这是吴尚贤在他的人生困境中，给固原人民带来的福祉。

1977年，吴尚贤的职务恢复。他主动请缨，率领年轻的水利技术干部到银川北部地区治理盐碱地。经过数月的实地考察研究，针对这里的灌排现状和地表盐碱化程度，提出了"明水不过冬，常年无积水"的治理措施，得到了自治区党委和政府认同。此后，成立了银北治碱改土工程指挥部，吴尚贤以副总指挥的身份负全责推进这项工作。两年时间，打井6000眼，建短沟小站200处，修复电站近百座，清淤水沟近200公里。治理的结果，根除了因盐碱而连年减产的小麦黄苗坐苗现象，盐碱治理大见成效。宁夏平原是千年粮仓，塞北江南的富庶之地。吴尚贤治理宁夏平原北部黄河灌溉，为古老的灌区创新了新的治理措施和理念，为宁夏平原北部农业发展从根本上解除了制约的深层因素。这是提升粮食产量，为老百姓造福的大事。

宁夏南部山区干旱少雨，生态环境恶劣。吴尚贤根据古法提出在山区"打水窖，种柠条，修隔坡梯田"等防旱抗旱措施。他根据雨水量总结出"修隔坡梯田比逐坡梯田好"，能使水肥足，抗旱力增强，提升粮食产量。为解决人

---

[1] 卢德明:《一个献身水利事业的人——吴尚贤》,《宁夏文史资料》,第21辑。

畜饮水问题，他倡导多打"水窖"以蓄水。为了水土保持，他提出栽种易活耐旱的柠条，成效显著。黄河黑山峡建大柳树水坝，是吴尚贤多年的心愿。他力主在大柳树段修建高坝，蓄水发电的同时亦能引水进入宁夏南部缺水地区，使南部山区万亩荒地变良田的梦想成为可能。1983年，吴尚贤担任宁夏回族自治区政协副主席，连任3届15年。虽身在政协，"仍念念不忘黄河黑山峡大柳树高坝一级开发的方案和建议"。[①]1992年，他还组织有经验的离退休水利工程技术人员，开展为期一年半的黄河坍塌岸调查研究，创造出一种既节省开支，又易行可靠的方法，也取得了巨大的成功。这一切，同样以一个水利人的眼光和实践，从不同的层面为宁夏人民谋福祉。

作为当代的乡贤，吴尚贤对宁夏人民的奉献，不仅修筑了众多的水利工程，而且在黄河生态建设、水利科学理论上亦多有建树。他结合多年考察实践，撰写了许多有针对性的学术研究文章。他从事水利工作近60年，足迹踏遍宁夏山川，对黄河上游河段的治理以及宁夏段引黄灌区的开发作出巨大贡献，被誉为"宁夏水利的活字典"。同时，还主持编纂《宁夏水利志》，留下了宁夏水利事业的历史根脉。

朱奕龙

为宁夏经济社会文化作出贡献者都视为宁夏乡贤，自古皆然。朱奕龙出生于浙江青田县，他的阅历丰富。工商管理博士、高级经济师，享受国务院政府特殊津贴。他有过西班牙经商的经历，1995年朱奕龙从西班牙回国，在甘肃、陕西、西藏、青海等西部省区经过三个多月的考察之后，他决定扎根宁夏。他认为"宁夏有丰富的资源，但基础设施和经济发展相对落后，市场并未得到充分开发，在宁夏创业对他来说既是挑战，也是机遇。1999年，国家实施西部大开发战略，他赶上了好机遇。2000年，朱奕龙在宁夏创立银帝集团，企业成立之初，曾面临资金瓶颈、人才危机、技术难关。经过近20年

[①] 吴尚贤：《黄河大柳树水利工程论争回忆》，《宁夏文史资料据》第25辑，第225页。

的发展，困难一一得到克服，银帝集团已完成从内陆到东南沿海的全国布局。

"吃宁夏米，喝黄河水，让我感受到这片黄土地的包容性。"朱奕龙说，宁夏给了我新的创业平台。在宁夏先后捐赠了上亿元善款用于抗震救灾、社会帮教，体恤贫弱疾困者，包括援建新乡村建设，捐助建成希望小学，为贫困地区失学的孩子提供了读书的地方。由于他为社会作出了很大贡献，党和政府也给予他很多荣誉。国家层面上的不说，就宁夏本土看，被评为宁夏十大杰出青年、宁夏十大杰出青年企业家、宁夏十大慈善人物，曾任宁夏侨联副主席，自治区工商联副主席。2009年当选为第八届中国侨联副主席（兼职）。

贾延民

贾廷民，宁夏彭阳人，大专学历。2001年7月毕业后，在江苏江南大学轻工学院、苏州动物实验中心有过五年的工作经历。2005年9月辞职回到彭阳创业，八年的努力奋斗取得了良好的业绩。2013年年底开始担任家乡白阳镇玉洼村村主任，也是村里的致富带头人。担任村主任后，一心带领乡亲们脱贫致富奔小康。为了带动村民的发展，他拿出了多年拼搏积蓄的300多万元创办了金鸡坪生态休闲农业开发公司，带动156人就业务工，其中建档立卡户23户73人，人均纯收入均超过5000元，延长了农副产品的加工、销售等产业链条。

近年，贾廷民主要关注农业与乡村经济。2015年，他提出发展村集体经济，经过多次向农牧厅、科技厅及区、市农科院申请争取并得到了支持。调整农业种植结构，向休闲农业和观光农业发展，2017年春季流转农民土地开始为村集体种植万寿菊860亩，解决农民务工2600多人次，彻底摘掉了"空壳村"的帽子，村里有了自己的集体收入。

为了将传统农业做大做强，使农民增收增产，他通过联系区、市两级农科院，在全区小麦良种培育专家组的指导下，先后为玉洼村引进"宁冬13"号和"宁冬16"号两个优质冬小麦品种，并承担起全区冬小麦良种繁育工作。为了提高农民的种粮积极性和种粮收入，将玉洼村王新庄自然村定为良种繁育基地，给农民免费供种并补贴机械耕作费用。良种全部以每斤2元的保护价，为种植农户销售小麦10多万斤，就这一项为农民创造净收入20多万元，得到自治区农科部门专家的赞赏，表示会用他们的技术和经费一起支持这项产业发展。

同时，他还指定联系五户建档立卡贫困户，根据各贫困户的家境状况和条件，分别制定帮扶措施和脱贫途径。其中有为城市居民代养土猪的农户；有散养土鸡的农户，还有看管抚育经果林的农户，从帮扶收入来看，这些都已成为他们脱贫致富的支柱产业。另外，在繁忙的工作中他还担负着全村"三留守"督导员一职，多年来为分散供养的"五保"老人和留守老人送吃送穿、修水接电，解决生活中遇到的各种困难。

村史馆是贾廷民乡村文化建设的物化形态。玉洼村村史馆展示内容分四部分：一是村史背景，讲述了王洼村发展的历史；二是与农耕文化密切关联的生产工具和民俗遗物；三是红色文化，以1936年中央红军途经玉洼村借宿及军粮补给故事为背景打造；四是玉洼村走出去的干部、中级职称以上的科教人员及近年考入大中专学校的学生，尤其是近十年贾廷民设立奖学金支持乡村学生考入大中专学校的一览表。尽自己最大的能力资助困境中的学生，是贾廷民的心事之一。在他自己感觉力不从心时，开始动员联系社会各界爱心人士。资助的学生为初中、高中和大学学生。被资助的学生中有的已经走上了工作岗位，他们又开始资助需要帮助的弟弟妹妹们。

作为村主任，要以百姓之心为心，办好群众对村干部期盼的事，一切为了群众，一切依靠群众，从群众中来，到群众中去。群众希望做的事，就是村干部必须做到的。他的工作理念，一是公道。必须公平待人，公道处事。二是正派。敢于坚持原则，伸张正义，主持公道。对好人好事好风气，要旗帜鲜明地鼓励倡导，对歪风邪气，该教育的教育，该处理的处理，真正做到敢抓敢管，弘扬正气，形成良好的村风、民风。三是贴心。村干部要知道群众最缺什么、最想什么、最盼什么，为群众诚心诚意办实事，尽心竭力解难事，坚持不懈做好事。四是廉洁。身为最基层的村干部，是否廉洁自律，群众看得最明白，感受最直接。要干干净净做事，清清白白做人。五是民主。在建立完善村民自治机制,健全各项规章制度的同时,确保农民群众对村级事务的知情权、参与权、管理权和监督权。

作为一个年轻的有经历的能人,在创业成功之后回到家乡带领乡亲们致富奔小康,贾廷民是有理想、有境界的。外面的精彩世界历练了他,乡村振兴的路上需要他,他有这种胆识,也有一种拼搏的精神和宽阔的胸怀。他的选择与作为,与乡村振兴的国家战略是一体的。在倡导和培育新乡贤与乡贤文化的今天,在新乡贤的群体里,已经有了他们的位置。

贾廷民注册了金鸡坪生态休闲农业开发有限公司,在村子里修建了金鸡坪度假山庄,为乡村游提供食宿的同时,也承接小型会议和培训。吃小秋杂粮,住窑洞宾馆,游果园采摘。乡村振兴与乡村旅游有机融合在一起,是乡村脱贫致富奔小康的村落典型。

林月婵

1996年5月31日,国务院在北京召开扶贫协作会议,确定福建省帮扶宁夏。11月,宁夏、福建第一次对口扶贫协作联系会议在福州举行,标志着两省区对口扶贫关系正式建立。这就是在国家层面上持续了20余年的"闽宁对口扶贫",沿海8个经济实力较强的县(市、区)对口帮扶宁夏的8个贫困县。

1997年3月,春寒料峭的季节,福建省人民政府办公厅党组成员、省民政厅副厅长、省脱贫办主任林月婵率先带考察团踏上了宁夏的土地,考察了同心、西吉等县,进入她视野里的许多情景让她心酸。穿着补丁摞补丁衣服的孩子,在土坯堆砌的露天教室里,老师拿着树枝在地上教学生写字。那一刻,孩子们求知的大眼睛让林月婵流泪了。她看到农民们担心马铃薯卖不出去,整夜排队在加工厂门口,趴在土豆袋子上熟睡的样子,便暗下决心一定要动员更多的福建企业来宁夏。她在西海固贫困户的窑洞里问寒问暖,流着泪塞钱救助失学儿童。艰险的山路上,拉水的人和毛驴走得小心翼翼……这一切,她看在眼里,记在心里。她走村串户摸底调研,协调解决困难。她提交给福建省委、省政府翔实严谨的第一手资料,成为之后确定打井、打水窖、坡改梯、移民吊庄、希望小学、吸纳宁夏劳务人员等百余个项目决策的重要依据。林月婵的宁夏行，写就了她的闽宁情。从这个时候开始到她退休，其间有40余次奔波在福建与宁夏之间。

林月婵在北京参加国务院东西部协作会议期间，在听取中央扶贫部署精神后，就开始找宁夏的与会者打听相关信息。在宁夏考察期间，设法打听在宁夏的闽籍商人，希望调动和凝聚一支扶贫力量，尤其是民营企业家和市场的力量，和政府一起来参与闽宁对口工作。1997年4月，福建党政代表团回访宁夏并召开闽宁第二次联席会议。林月婵的想法变成了现实，有11位闽籍企业家受到福建省领导的接见，闽商作为一支重要的力量加入闽宁扶贫的队伍中。

林月婵不仅关注宏观，也亲历细微。从"移民吊庄"到"坡改梯"，从"井窖建设"到"劳务输出"，从"菌草推广"到"招商引资"，从"联办医院"到"援建学校"，援建的每一个项目里都凝结着她的心血。比如菌草（蘑菇）的种植，起初是由福建来的专家们手把手教，但林月婵差不多每天都要来一次大棚。蘑菇还未出棚，她已经在四处联系销路。1997年7月，两省区共建的闽宁村举行奠基仪式，她专程来宁夏参加，把福建的扶贫思路引入宁夏。如今，这个移民村落已发展成为民族和谐、致富奔小康的闽宁镇，成为东西部扶贫协作的范本。她说："闽宁帮扶机制是用'心'建起来的。"她来宁夏的次数太多，宁夏中南部的不少地方都留下了她的脚印。她说最开心的事儿就是接到宁夏朋友的电话，"听到熟悉的声音，就像穿越千山万水一样，大漠绿洲、黄土高原，回到我魂牵梦萦的第二故乡。"在老百姓的心目中，林月婵是一个"播撒火种的人""闽宁友好使者"，她的手机里存有不少宁夏人的电话，也存有她宁夏的老照片，成为她寄托乡思的地方。她虽已退休多年，但一直牵挂着宁夏。

武夷山与六盘山，闽江水与黄河水，孕育了这位南北地域上的新乡贤。2007年，林月婵退休了。这一年，她却被聘为"宁夏回族自治区政府顾问"。2015年，林月婵被评为"感动宁夏十大人物"。作为乡贤，林月婵有她的特殊性；作为乡贤文化的践行者，她的作为已融入宁夏地域，印在老百姓的心里。闽宁携手二十余载，乡村振兴与奔小康的历史使命仍在延伸着，即传承着文化,也辉煌着事业。

陈德启

闽宁扶贫20余年里,不但涌现出林月婵这样的官方意义上的乡贤,也成就了像陈德启这样的个人乡贤。贺兰山下打造葡萄酒王国的陈德启,也将自己的事业融入宁夏扶贫与经济建设中。

2007年,在国内外经商多年的陈德启来到宁夏,原本是在房地产市场发展。机缘巧合,贺兰山东麓大片荒芜的戈壁滩却吸引了陈德启。他暗自思忖:在贺兰山东麓建造一个葡萄酒王国,让世界对宁夏葡萄酒刮目相看。陈德启买下了贺兰山东麓10万亩荒滩地。签订协议的第二天,他就将这里的土壤取样送到了法国,请专家检验。检验结果显示:这里是种植优质酿酒葡萄的绝佳之地。

从此,陈德启一头扎进这万亩荒滩上,用智慧和汗水浇灌着他的紫色梦想。身家数十亿的他,住着彩钢房,吃着方便面,千年的荒滩变成了他心中的热土。凭着一种拼搏的精神,硬是在这乱石丛生的戈壁滩上开出了数万亩标准化葡萄园。之后,又从法国、意大利引进优质葡萄嫁接苗,通过科技创新栽种获得成功。他生产的贺兰神葡萄酒,先后在国内外多个赛事中获得金奖,赢得了世界葡萄酒界的认可。他投资3亿多元栽种500万棵树木,而今已形成了一道绿色的屏障,既护佑着他的葡萄长廊,又涵养了气候,成为贺兰山下的一道风景线。

十余年间,陈德启在这片潜藏着无限生机的土地上,投入了十多亿元资金和全部精力。"看到曾经的戈壁滩变成绿洲,我就非常开心,觉得付出再多都值。"这是他的心里话,也是他人生的境界。而让陈德启更欣慰的是,他的葡萄园解决了当地近3000名农民的就业。在农民的眼中,这是他们的幸福园。500万棵树,也是一个巨大的数字,是社会公益事业的一个标杆。陈德启的所作所为虽然是他自己的事业,但10万亩葡萄园,再加上3000名农民就业和500万棵树,在客观上承载着一个活生生新乡贤的形象。

（三）乡村变革与乡贤

党的十六大以来，国家对乡村的重视史无前例，延续了上千年的"皇粮国税"废止了；新乡村建设成为国家战略，中央连续出台强农惠农富农政策来减轻农民负担，提高粮食产量，增加农民收入，改善乡村状况；构建覆盖城乡的社会政策体系，包括改革乡村义务教育经费保障机制、建立新型乡村合作医疗制度、乡村最低生活保障制度、新型乡村社会养老保险制度。"建设小康社会"战略经历了十余年的发展之后，党的十九大又提出"乡村振兴"战略，全力推进小康社会的实现。目前，我国乡村已发生了巨大变化，但传统社会的架构并没有完全坍塌。作为乡村有声望、有能力的长者、贤人，乡贤在乡村社会治理中的影响力仍在，地位依然重要，尤其在协调类似乡间人群之间的矛盾冲突方面不可或缺，可以化解分歧与社会矛盾。这实际上是新乡贤的一类。研究者把新乡贤认定为两类，一类属于在场乡贤；另一类属于不在场乡贤。现在通讯、交通便利，无论在场与不在场，但凡关心和支持家乡发展的乡贤，他们的思想观念，知识和财富都能影响到乡村，都能把现代价值观传递给村民，把知识技能传递给村民，乡贤与村民都有认同感。无论哪类乡贤，他们都是连接传统与现代的桥梁。乡贤文化有凝聚力和感召力，当代中国乡村需要乡贤文化复兴。

乡愁，是承载在村落里的传统文化，是乡村社会文化之基因。千百年来，多少从乡村走出去的精英都被乡愁牵引而回归乡里。无论衣锦还乡，还是落叶归根，他们的肩上都担着乡贤的使命。而今，乡村虽然发生巨变，但乡村仍期待着新乡贤的回归。乡贤回乡就是城市对乡村的一种反哺，浙江上虞、绍兴已成为这方面的典型，他们在重构乡村治理计划中，把发挥乡贤作用纳入其中，呼吁退休的官员、专家、学者、商人回乡安度晚年，以自己的经验、学识、专长、技艺等反哺桑梓，重塑乡土精英。宁夏亦可借鉴这种做法并推广，在推进乡村振兴的过程中，让更多的牵念于乡村的人成为新乡贤，发挥精神教化与道德引领作用，为家乡献金策谋福祉。

（四）新乡贤的核心价值与乡村治理

富强、民主、文明、和谐，是社会主义核心价值观在国家层面上的体现，但这一固有价值目标实现的基础却在乡村社会，实现小康社会的关键也在乡村，"没有农业的现代化就没有国家的现代化"。爱国、敬业、诚信、友善，是公民个人层面的价值准则，是传统文化与时俱进的当代体现。这与新乡贤的价值观是一致的，是新时代社会主义核心价值观在个人身上的体现。小康社会的实现需要新乡贤参与新乡村建设和治理。一方面，新乡贤文化建设是对传统乡村社会"尚贤敬德、造福桑梓"的人格品德的传承；一方面，是在传统文化品格在社会主义核心价值观层面上的融注和提升，蕴藏着一种乡村社会发展的内驱动力。在这样一个环境与氛围中，新乡贤们的经验、技艺、财富以及文化修养和道德力量，就会参与并融入新乡村建设和乡村治理当中。在做好传承的同时，新乡贤的当代构建也会水到渠成。

在大力倡导优秀文化传承的今天，国家多部委联合推进的传统村落文化保护与传承工作，已在唤醒人们，村落文化的快速消失严重损伤了传统文化的根脉，乡村治理已到了刻不容缓的程度。重构乡村权威，重塑现代乡贤，推动乡贤治理乡村已形成多个层面上的共识。破解乡村治理困局，首先要立足中国乡土社会实际，深层仍在于文化。费孝通先生说过："从基层看去，中国社会是乡土性。"① 乡土中国、乡土社会，是熟悉的信任的社会关系。"正是这种熟悉的、信任的社会关系，让充满智慧的中国古代统治者选择了乡村自治的基层治理模式，并让乡村自治传统在中国延续数千年。"② 这是乡贤文化传承了数千年的历史背景和深层原因，也是乡贤治理回归乡村的价值和意义所在。

重塑现代乡贤，是对传统乡贤文化的传承与创新。推动乡贤文化治理回归，是在新的时代背景下乡贤文化与村落的重新对接。我们必须明白，时代发生了很大变化，乡村也不完全是费孝通先生笔下的乡土中国，但乡土中国

---

① 费孝通：《乡土中国》，上海：上海人民出版社，2013年。
② 李建兴：《乡村变革与乡贤治理的回归》，浙江社会科学，2015年第7期。

文化基因在，热心乡村公益、乐善好施、造福桑梓的乡民认同在，熟悉与信任的关系在，乡贤治理仍旧契合了当下乡土中国的国情。

第一，前几年，我们做宁夏村落文化调研的过程中，对宁夏乡村现状有一定程度的了解。别说乡村精英大量外流，就是普通劳力也多外出打工，村子里多老年人和小孩，乡村空壳化较为严重。有些村子中兴办了数十年的乡村小学由于生员的流动而撤并，这如同农家人断了炊烟，乡村学校是培育一代又一代乡贤的沃土。同时，乡村内部人与人之间的联系亦减少。从村子走出去的吃国家饭的公务人员、教师等退休后，或待在城里，或到更远的城市。所以，乡村振兴，乡贤文化回归，推动乡贤治理回归，首先是乡贤的回归。他们拥有广泛的社会关系、较高的个人威望和道德人格魅力，可以通过他们的影响力来整合乡村内外各种社会资源（经济、政治、文化），加强乡村内外的联系，凝聚村民的共识，逐步恢复乡村的治理生态。所谓乡贤治理的内生机制，正是从这些方面来体现的。

第二，乡村实行村民自治以后，农民实施"民主选举、民主决策、民主管理、民主监督"的过程中，乡贤回归参与乡村治理，有他们的视野、渠道和人脉，在"乡"与"村"之间就会发挥桥梁纽带的作用，形成多元治理主体的合力。在运转的过程中，会弥补现行治理体系管理之不足，包括提升公共服务的能力。"有乡贤的乡村才是和美的，有乡贤的乡村才是宜居的，有乡贤的乡村才有明天"，这是乡贤文化推进的希望。

第三，大学生返乡创业和大学生村官正越来越引起社会关注。政府有意识地安排一部分返乡的大学生和大学生村官到乡村，为他们提供了一个全新的平台。第一，他们发挥了文化反哺功能，对于改变村民思想观念、提高农民文化素质、加快新农村文化建设，的确具有重要的现实意义，为党的十九大提出的乡村振兴，从文化层面上先行一步。第二，他们推进的乡村发现、乡村旅游，不但给乡村带来实惠，而且在改变和提高人们对乡村的认识。第三，他们的作为给社会带来了冲击力和影响力，不但影响了有志大学生返乡发展，而且影响到城市一些有想法、且各方面有能力的人，开始有计划有目的地下移乡村。第四,随着乡村振兴的推进和乡村环境的改善,这些外力的影响力会进一步增强,包括乡村外流精英的回归。

乡贤文化是一个地域的精神文化标志,是连接故土、维系乡情的精神纽带,是探寻文化血脉、张扬文化传统的一种精神原动力。我们一定要挖掘传统文化里的乡贤文化,推崇和弘扬当代意义上的乡贤文化,是在传承基础上的创新。在国家倡导先进文化,实施和谐文化,推进和谐文化建设的过程中,彰显乡贤文化的意义、价值和作用。地方志书里的乡贤文化,是地域传统文化的富矿,需要做深入的研究。现在,仅仅是个开始,人们还没有充分认识到这些内容的文化价值和时代意义,尤其是古今乡贤文化对地方经济社会和文化建设的直接或潜在作用。但只要有突破口,有了共识,这方面的研究一定能取得多个层面上的推进。

(五)乡贤文化的弘扬与培育

无论从传统意义上审视乡贤文化,还是当下倡导和推进的新乡贤文化,传承和现实都有一个交融点,它的文化根脉是一致的。乡贤文化对于培育社会主义核心价值观、建构和谐社会、传承民族精神、激励青年一代都有着深远的历史意义和特殊的现实意义。

乡贤文化的培育,首先是乡贤在人们视野中的肯定和推崇。目前,浙江上虞、福建等地乡贤文化的开展与弘扬影响很大,他们的经验极具启示意义。山西晋城在党的十九大精神宣讲过程中,注意推出新乡贤为老百姓做接地气式的宣讲,讲得通俗易懂,引人入胜,引来村民们一片叫好声。宁夏乡贤与乡贤文化的推进,应该借鉴这些模式。再如广东云浮乡贤理事会、广东清远市九龙镇乡贤理事会等组织,在推进乡贤与乡贤文化方面都有不少可借鉴的做法,尤其是新乡贤文化在推动乡村治理现代化方面的积极因素。

首先,要着眼于历史传承,保护乡贤文化资源。宁夏历史遗留下来的乡贤文化资源较少,没有乡贤的故居,建筑一类能看得见、摸得着的只有固原古城墙遗址等。民国以前的地方志书类留存较多,如《宁夏志》《嘉靖宁夏新志》《嘉靖万历固原州志》《宣统固原州志》等,它们虽为纸质文本,但同样承载着时空背景，传承着乡贤的文化精神，为后人所享用。它们既是物质的，也是精神的。它们身上有文化的亲和力、感召力和影响力。

其次，要弘扬乡贤精神。明清乃至民国时期的乡贤，宁夏的地方志书里都有记载。乡贤文化的弘扬，就是乡贤的精神，这是弘扬乡贤文化的根脉所在。它来自本地历代乡贤的德行与贡献，凝聚和倾注着乡贤所在的那个时代民众的评判意识和精神情绪。他们有共同的历史背景和生存环境，包括共同的人文传统、认同意识的内化与积淀。这些精神的文化内涵，才是影响和鼓励社会向上、敦厚民心的根本动力。

再次，文化传承是中华民族的优良品质，文化创新更是民族向上砥砺的精神展示。乡贤文化的弘扬，不能只在建筑物里、故纸堆里挖掘，也要在我们生活的时代里寻找。乡贤文化是多元的，有官乡贤、富乡贤，也有打拼成功的回乡能人、返乡大学生和大学生村官，还有隐居陋巷、不事张扬的乡贤。乡贤是一个多元群体，乡贤文化是靠群体来影响民众的。

（六）乡贤与社会主义核心价值观

中国自古有尚贤的传统，乡贤文化是一个地域的精神文化标记，也是一个连接故土、维系乡情的精神纽带，在国家治理和社会稳定方面发挥着不可替代的作用。新乡贤是中华优秀传统文化在当代乡土的守护者，是社会主义核心价值观在新乡村的倡导者和践行者。习近平总书记强调："要认真汲取中华优秀传统文化的思想精华和道德精髓，大力弘扬以爱国主义为核心的民族精神和以改革创新为核心的时代精神，深入挖掘和阐发中华优秀传统文化，讲仁爱、重民本、守诚信、崇正义、尚和合、求大同的时代价值，使中华优秀传统文化成为涵养社会主义核心价值观的重要源泉。"党的十八大以后，党中央对于培育和践行社会主义核心价值观给予高度重视。社会主义核心价值观不仅是中国特色社会主义核心价值观的重要组成部分，也是中华民族传统文化、道德伦理观念在现代社会的重要体现。当代乡村出现的道德高尚、能力突出、技能与文化兼备，有强烈社会责任感的新乡贤群体，形成了新乡贤文化。乡贤文化，是极具亲和力的多元文化的体现，是践行社会主义核心价值观的重要推手,也是乡村振兴的动力源泉。时至今日,乡贤文化已深深扎根于群众的沃土,浙江省绍兴市上虞区、山西省运城市盐湖区,是目前全国乡贤文化推进的样板。他们都在传统文化的基础上,推进乡贤文明的活动。

第一,乡贤倡导着乡贤文化的亲和力。乡贤文化的土壤在乡村,是传统乡村文化智慧的结晶,是与乡村、农民、农耕渊源关系十分亲近的文化类型,对广大群众的言谈举止、生产生活仍然起着引导与教化的作用。在乡村振兴的过程中,要积极发挥新乡贤文化的作用,推进乡村治理不断提升。用乡贤文化凝聚乡民,有利于社会主义核心价值观的践行。

第二,乡贤践行着乡贤文化的价值观。乡贤言行有着潜移默化的教育作用,民众可以在不知不觉中理解并接受。中国传统伦理思想是中华优秀传统文化的重要组成部分,弘扬优秀的伦理文化、借鉴传统的道德教育,对于切实改进和加强当前社会主义核心价值观践行培育工作有着重大作用[1]。因此,要在乡村振兴过程的各个环节中凸显新乡贤的地位,体现新乡贤的作为,弘扬新乡贤的崇德向善的精神和时代责任感,创新见贤思齐的社会环境,引导见贤思齐社会氛围。在彰显和表彰乡贤文化的过程中,社会主义核心价值观的践行将起着润物细无声的作用。

第三,乡贤肩负着治理乡村的使命。培养文明乡村风貌,倡议有能力的乡村能人捐资助学,修缮公共设施,帮扶困难家庭,培养向善的文明乡村风貌,同样体现着时代精神和社会主义核心价值观,"这也正是社会主义核心价值观在实践过程中最主要的主题之一"。乡贤作为乡村社会最具话语权的群体,在乡村振兴过程中,弥补了乡村建设过程中部分资源的不足,担当着重要角色,在推进乡村治理的过程中,一定要充分发挥新乡贤在继承传统文化与弘扬社会主义核心价值观的践行者作用、乡村公共事务代言人的作用、乡村基层组织建设的领头雁的作用。乡贤文化与社会主义核心价值观的基本要求有其一致性,是乡风文明的基石,也是一种精神力量。

---

[1] 刘余莉:《思想道德教育的中国传统伦理基础》,中共中央党校学报,2008年第3期。

（七）乡贤文化与乡村振兴

习近平总书记在党的十九大报告中提出"乡村振兴战略"，乡村振兴成为一个时代课题。乡村振兴战略以产业兴旺为重点、生态家居为关键、乡风文明为保障、治理有效为基础、生活富裕为根本，乡村振兴旨在通过乡村建设发展激发乡村的内在潜能，塑造乡村现代化风貌。其中，文化如何扮演角色并发挥作用至关重要。一方面要传承文脉留住乡愁，一方面要发挥乡贤的正能量。乡贤文化是维持乡村秩序的重要基础。

随着城镇化步伐的加快，乡村的变化令人担忧。目前乡村土地征用、流转大概占到35%左右，65%左右的土地还在农民手里。农民生存依托的是土地，乡村振兴必须振兴乡村文化，重塑乡村社会规范。伦理、道德、村规民约、风俗习惯是乡村治理的重要载体。当下乡村仪式文化缺场、乡风民俗衰落都是乡村文化建设短板的再现，乡村文化建设工作中普遍存在重视娱乐而忽视道德建设的问题[①]。因此，乡村振兴不仅是一个单纯的经济议题，它已经超越了产业发展和经济范畴，涵盖了经济、社会生活、文化多个领域。乡村振兴的要义，在于文化，在于乡贤。保护历史文化是乡村振兴的重要使命，党的十九大报告中指出："要深入挖掘中华优秀传统文化蕴藏的思想观念、人文精神、道德规范，结合时代要求继承创新，让中华文化展现出永久魅力和时代风采。"在这个挖掘、传承和创新的基础上大力培养新乡贤和乡贤文化，引导乡村社会见贤思齐，见德思义，让新乡贤成为乡村振兴过程中的正能量。打造"田园综合体"，乡贤是美丽乡村建设的重要力量。

近30年来，宁夏乡村已发生了很大变化。乡村振兴的过程中，面临着很多困境，主要是乡村精英流失，乡村社会失去了自治与发展的内在力量。现在，传承和发扬乡贤文化已成为一种共识，要选择乡贤为突破点。乡贤来源于群众，最了解群众，最能与群众息息相通。乡贤的影响不是来自行政力，而是来自人格的感染力。乡贤，乡贤文化，都指向传统乡村。要重构乡贤文化，

---

① 袁金辉：《实施乡村振兴战略的五大着力点》，学习时报，2017年11月6日。

改善乡村治理。历史悠久的农耕文明，传承的是耕读传家、守望相助、自强不息、敬畏自然的人文道德，彰显的是涵养教化、泽被乡里、凝聚人心的乡贤文化。乡愁，是支撑乡贤的地域文化的另一种表现形式，它不仅是对某时、某地、某人的怀念，包括对"文化地理"的眷恋，对历史传承的牵挂。宁夏正在大力实施文化扶贫工程①，与地域传统文化、潜在的乡贤文化有着密切的关联，以此创新乡贤文化的深厚基础。通过乡贤文化这个联系故土、维系乡情的精神纽带，引领道德风尚，传承乡村文明。

乡贤人士作为乡村社会民意和价值观的代表，是乡村基层社会治理非常重要的社会资源。乡贤文化包含着多元文化内容，诸如道德伦理、地域文化、和谐文明、特色产业、非物质文化遗产的传承与转化等。这些或精神的或实质性的人文价值、经济效益和社会影响力，能对乡村振兴过程中的乡村治理提供多层面的有效帮助。从乡贤文化的历史演进来看，传统的乡绅治村与当代乡贤治村是一脉相承的，两者都彰显了乡村精英在乡村治理中的重要地位，但当代乡贤治村是在传承基础上的超越和创新。乡贤治村仍是乡村社会治理的一个重要的发展方向，不少富有学识、技艺专长、财富和道德素养的新乡贤参与了当代中国乡村治理和建设。

乡村振兴在很大程度上体现着法治与德治的紧密结合。乡村治理重教化，作为天然的教化空间，乡村千百年来承担着对村民行为的引导、规训与教育功能，让人们明理达事，明辨是非善恶。它以潜移默化的形式不断强化人们的行为规范，内化人们的道德准则，彰显着乡村教化的重要意义。德治，即乡村教化，即乡贤文化的介入。这既是党和政府对乡贤的期待，也是乡村民众对新乡贤的期盼。在乡贤治村的背景下，乡村治理会越来越重视将德治与法治紧密结合起来，重视乡村治理中道德力量的运用，期待实现精英主导与大众参与的有机统一。同时，乡贤治村有利于切实改善村民的生产和生活条件，也是乡贤乡村治理的重要任务，旨在将经济发展与道德文化建设兼顾起

---

① 王建宏：《宁夏大力实施文化扶贫工程》，光明日报，2018年1月16日。

来，一并推进。乡贤治村在一定程度上是中国乡村治理的士绅传统在当代的复苏，"这是中国历史的一种延续"①。新乡贤文化的内涵与社会主义核心价值观有着共同的本质和目标，在乡贤文化与乡村振兴的时代背景下，一定要充分发挥新乡贤在继承传统文化与弘扬社会主义核心价值观中践行者的作用，发挥新乡贤文化在促进乡村文明建设中的示范功能。新乡贤文化，正是乡村治理过程中的时代选择。通过发挥新乡贤的示范引领作用，让社会主义核心价值观在乡村深深扎根，推进乡村振兴。

《新时代公民道德建设实施纲要（2019年印发）》规定："文明礼貌，助人为乐，爱护公物，保护环境，遵纪守法。"二十字方针是社会公德的内容和要求。文明礼貌，是日常人际交往共同遵守的道德准则。邻里乡亲要互相尊重、友好、团结友爱；遇难相帮，见危相助，热心公益；爱护公物和集体财产，不随意占有；保护环境，是保护人基本的生存处所，关系到民众的生活质量和切身利益；遵纪守法，是保护社会健康、有序发展的基础。只有这样，基层社会治理中、德治建构才有基础。党的十八届四中全会提出，"支持各类社会主体自我约束、自我管理，发挥乡规民约等社会规范在社会治理中的积极作用"。正是从这个意义上来说，乡规民约被赋予了组织化、法治化、制度化和契约化的内涵，是融入了国家意志后的村民自治制度。《中华人民共和国村民委员会组织法》第二十条规定："村民会议可以制定和修改村民自治章程、村规民约，并报乡、镇的人民政府备案。"这样，基层社会民众不仅要履行宪法和法律规定的义务，同时要履行乡规民约的义务。即一方面要承接基层社会共同认同的乡土风俗，另一方面要按照国家意志体现现代价值观。在实施乡村振兴的过程中，乡规民约的作用是积极而巨大的。社会治理从来都是"法"与"德"相辅相成、互相促进的。通常认为，"中国历史上的乡村治理实际上走的是一条'二元化'的路线，公权力和自治权长期共存"②。即在法治的同时，

---

① 刘伟、严红枫等：《浙江"乡贤文化"与乡村治理的采访和思考》，光明日报，2014年7月2日。
② 蒋楠：《历史视野下的中国乡村治理》，光明日报，2015年4月8日。

力倡儒家伦理道德为主导的德治，以精神共同体和文化共同体的建设推进基层的治理秩序。

中央乡村工作会议明确指出乡村振兴战略，既包括经济、社会和文化振兴，也包括治理体系的创新和生态文明的进步，是一个全面振兴的综合概念。其中，关键和重点是产业兴旺，这是发展的基础。乡村治理体系的形成，包括健全自治、法治、德治的相结合，这里增加了德治在乡村治理中的作用。乡贤是乡土文化的精灵，是乡风民俗的教化者。德治的路径就是乡贤引领，这就要培养富有地方特色和时代精神的新乡贤文化，发挥其地方治理中的重要作用。

在乡村振兴与治理的过程中，美丽乡村建设至关重要。必须践行绿水青山就是金山银山的理念，坚持节约资源和保护环境的基本国策，改善人居环境和生态环境，保护和传承宁夏北部塞上江南的乡村特色，南部黄土高原的文化本色，使乡村韵味更浓，人与自然和谐共生。传统，是相对于地域文化来说的。马头墙是别人的建筑风格，放在宁夏就不伦不类。在乡村振兴与治理的过程中，美丽乡村建设至关重要。必须践行绿水青山就是金山银山的理念，坚持节约资源和保护环境的基本国策，改善人居环境和生态环境，保护和传承文化本色，使乡村韵味越浓，人与自然和谐共生。打造美丽乡村，有一根看得见的主线——美在生态，富在产业，根在文化[①]。因此，要保护和传承地域特色文化，建设美丽乡村，乡贤、乡贤文化的培育和彰显，极具时代价值和现实意义。

历史文化是大传统，乡风文明建设是大传统背景下的小传统。历史文化积淀及其传承是乡风文明建设的根脉。乡贤文化的挖掘、整理与传承，是宁夏乡风文明建设过程中的传承与创新。在城市化与城镇化快速推进的今天，乡村仍然是中国社会的根基所在，乡风文明建设的传承与创新仍是一个需要关注和研究的全新的话题。

---

① 赵立荣：《乡韵醉人》，文汇报，2017年11月7日。

第三章 宁夏乡风文明建设的现状

第一节 宁夏乡风文明建设的基本情况

党的十九大提出了实施乡村振兴战略的重大战略决策,并提出要按照"产业兴旺、生态宜居、乡风文明、治理有效、生活富裕"的总要求加快推进农业乡村现代化。《中共中央国务院关于实施乡村振兴战略的意见》对乡风文明进行了系统论述。习近平总书记在中共中央政治局第八次集体学习时再次强调,"产业兴旺、生态宜居、乡风文明、治理有效、生活富裕"是实施乡村振兴战略的总要求,并要求"弘扬社会主义核心价值观、保护和传承乡村优秀传统文化、加强乡村公共文化建设、提高乡村社会文明程度,推进乡村治理能力和水平现代化、让乡村既充满活力又和谐有序,不断满足广大农民群众日益增长的美好生活需要"。中共中央办公厅、国务院办公厅印发的《关于加强和改进乡村治理的指导意见》提出要"实施乡风文明培育行动"。2019年8月中共中央印发的《中国共产党农村工作条例》提出要"深入开展乡村群众性精神文明创建活动,丰富农民精神文化生活,提高农民科学文化素质和乡村社会文明程度"。乡村振兴战略是我们党着眼国家事业全局,深刻把握现代化建设规律和城乡关系变化特征,顺应亿万农民对美好生活的向往,对"三农"工作作出的重大决策部署,是新时代做好"三农"工作的总抓手和根本遵循。这一系列决策和论述,为我们决胜全面建成小康社会、全面建设社主义现代化国家的重大历史任务，制定了时间表，绘制了路线图，破除旧认识，厘清新思路，给出了新方法。

乡风就是乡土风俗，主要指人们在乡村物质生活和精神生活过程中形成的风尚和习俗或是价值观念、生活方式、风土人情等。文明是相对于野蛮而言，是人类进入高级阶段的一种进步的样态。乡风文明的核心要义或本质就是乡村精神文明的建设，内容涉及了文化、法制、风俗、社会治安等多个方面。需要指出的是，乡风文明不等同于乡村文明，因为乡村是一个社会组织系统，而乡风只是乡村社会内涵式发展的一个重要方面。任何一个时代，不同样态的文明都有其独特的时代价值。乡村文明作为中华文明的一部分，也有其独特的价值。乡村建设，根在铸魂与强魂。党的十九大提出"按照产业兴旺、生态宜居、乡风文明、治理有效、生活富裕的总要求，建立健全城乡融合发展体制机制和政策体系，加快推进农业乡村现代化"。这五个新的目标要求依然是相互联系的有机整体。《中共中央国务院关于实施乡村振兴战略的意见》阐述了这五个新的目标要求在乡村振兴中的地位，其中产业兴旺是重点、生态宜居是关键、乡风文明是保障、治理有效是基础、生活富裕是根本。新时代乡村振兴战略，立足于文明塑形，成就于铸魂。乡风文明是乡村文化的精髓。美国政治学家塞缪尔·亨廷顿说，一个文明是一个最广泛的文化实体，是放大了的文化，各个乡村、地区、种族群体、民族、宗教群体都是在文化异质性的不同层次上具有独特的文化，也创造了多样化的文明。在现代化进程中，乡村文化的流失以及对乡村文化价值认知上的偏差是导致乡风文明坍塌的主要原因。振兴乡村文化是重塑乡风文明的内生动力和必由之路。

在乡村产生、发展并最终主导乡村进步的文明是乡村文明，它是推动整个乡村社会走向更高层次的文明的基础和先导。乡村文明是包括乡村经济文明、乡村政治文明、乡村生态文明在内的一个系统。而在乡村文明系统的构成中更具核心意义，对乡村文明的诸多构成维度、因素具有统摄意义的是乡风文明。乡风文明是一个乡村在实现创新、协调、绿色、开放、共享发展的进程中有所依循、知所趋止、顽强进取的定力与韧性所在，也是乡村面对各种文明滋养择善而纳、从容吞吐的气度与尺度所在。缺少和剥离了乡风文明的乡村注定是有缺憾的精神贫困村。乡风文明是乡村振兴的保障。《中共中央国务院关于实施乡村振兴战略的意见》和《乡村振兴战略规划（2018—2022年）》都提出"乡村振兴，乡风文明是保障"。随着中国特色社会主义进入新时代，乡村社会生产力水平不断提高，人民对美好生活的向往和需求也愈发强烈，不仅对物质生活条件的要求越来越高，而且对精神文明建设的需求也愈加强烈。其中最重要的就是乡风文明或乡村文化的建设，乡风文明是乡村精神文明建设的重要内容，事关乡村的和谐稳定和振兴崛起，更是满足广大农民日益增长的美好生活需要的思想保障。只有培育好文明乡风，才能促进乡村经济、政治、文化等方面的全面振兴。

乡风文明建设是乡村精神文明建设的突破口和关键点，要做好新时代乡风文明就需要注重长期性、系统性、协同性、实效性，立足乡村发展实际、遵循乡村发展规律、体现乡村发展特点、注意乡土味道、保留乡村风貌。只有这样，才能留得住青山绿水，记得住乡愁。要实现乡村振兴，首先要实现乡村文化振兴，推进乡风文明建设。文化作为一种精神力量，是支撑民族、国家、社会不断向前发展的动力。乡村文化作为中国特色社会主义文化中不可缺失的一部分，只有不断提升农民对农耕文化、优秀传统文化的认知，才能重建村庄共同的精神纽带，为落实乡村振兴战略营造一个良好的社会环境，提供强大的精神动力。多年来，宁夏作为内陆欠发达的地区，通过改革开放以来几十年的发展，经济社会取得了长足进步。党的十八大以来，在以习近平同志为核心的党中央坚强领导下，各项事业全面进步，其中在精神文明建设工作与全国各省区同频共振，亮点频闪。全区各级组织团结带领广大干部群众在实现决战脱贫攻坚，决胜全面小康的伟大实践中取得了骄人成绩，尤其是党的十九大以来，在宁夏乡村精神文明，尤其是乡风文明建设战线坚持稳中求进、坚持守正创新，积极奋发有为、努力开拓进取，各项工作均取得长足进步，为乡村振兴战略和建设美丽新宁夏提供了强大的精神力量和丰润的道德滋养。

一、坚持价值引领，筑牢团结奋斗思想基础

宁夏的乡风文明建设始终把深入贯彻习近平新时代中国特色社会主义思想作为精神文明建设的首要政治任务，坚持不懈强化理论武装，毫不放松加强理想信念教育，广大群众对党的创新理论的政治认同、思想认同、理论认同、情感认同进一步增强。持续深化中国特色社会主义和中国梦宣传教育，2019年以来，围绕结合庆祝新中国成立70周年主线，组织开展"迎国庆讲文明树新风""壮丽70年·奋斗新时代""诚信建设万里行"等大型主题宣传活动，树时代新风，展文明风尚，讲奋斗故事，大力唱响礼赞新中国、奋进新时代的昂扬旋律。

二、以先行先试为契机，扎实新时代文明实践中心试点建设

党中央决定开展新时代文明实践中心建设试点工作以来，宁夏回族自治区党委迅速出台《关于新时代文明实践中心建设试点工作的实施意见》，建立试点工作联席会议、党委宣传部部务会成员挂点指导和县区试点工作月报"三项制度"，充分整合资源，广泛组织发动，并先后组织召开全区新时代文明实践中心建设试点工作专题会和推进会，稳步推进试点建设工作。全区首批试点县（区）建设工作取得明显成效，第二批试点县（区）试点工作顺利启动，各地呈现出志愿队伍村村建立、志愿活动户户参与、文明风尚人人践行的新气象。金凤区、平罗县、利通区、隆德县、沙坡头区等5个县（区）成功入选第二批全国新时代文明实践中心建设试点县（区）。固原市乡村文明实践积分卡制度得到中央农办充分肯定。

三、坚持典型引领，社会风气持续向上向善

按照体现时代精神和展现全区思想道德建设成果要求，宁夏精心组织开展第七届全国道德模范推荐暨第六届自治区道德模范、第四届"宁夏好人"及学雷锋志愿服务"四个十佳"等评选活动。彭阳县农民郭彩利获第七届全

国道德模范荣誉称号，王彪等14人登上"中国好人榜"，张耘溢等25人获得第六届"自治区道德模范"称号，张前军等36人获评第四届"宁夏好人"，石嘴山市环卫工人张红霞和宁夏儿童福利院医疗康复中心分别被命名为全国岗位学雷锋标兵和学雷锋活动示范点。结合"共和国故事汇"等宣传实践活动，广泛开展"人民楷模"王有德等先进典型学习宣传活动，在社会各界和人民群众中树起道德标杆，引领文明风尚，崇德向善、见贤思齐、德行天下的氛围更加浓厚。

四、坚持常态长效，群众性精神文明创建不断深化

为了充分发挥精神文明建设制度优势，加大统筹协调和检查指导力度，有力推动了群众性精神文明创建活动常态化、制度化开展。宁夏在文明村镇创建方面，组织开展村"红白理事会加强年"活动，各地共举办专题培训932期，参训人员近4.9万人，群众知晓率、满意度进一步提高，大操大办、厚葬薄养、人情攀比等陈规陋习得到有效遏制，宁夏移风易俗工作做法在全国交流推广。文明家庭创建方面，持续深化文明家庭、"最美家庭"、星级文明户创建，推荐全国最美家庭20户，评选自治区级最美家庭100户。文明校园创建方面，组织开展优秀案例征集、最美校园竞晒等活动，展示师生文明风貌和校园文明风采，文明校园吸引力、影响力逐步增强。

五、坚持着眼长远，体制机制建设不断完善

宁夏立足区情实际，不断强化制度供给，推动精神文明建设高质量发展。持续推动社会主义核心价值观入法入规，制定出台《关于推动社会主义核心价值观融入法治建设立法修法工作的意见》，良法善治的导向更加明确。出台《自治区委托第三方机构对全国文明城市及提名城市实施测评的管理办法》，着力健全完善全国文明城市测评管理机制，文明城市创建规范化、制度化水平不断提升。紧盯移风易俗工作突出问题，与民政厅等部门联合下发《关于进一步做好村规民约和居民公约工作的实施意见》，指导各地修订村规民约，

强化刚性约束。修订《宁夏回族自治区志愿服务条例》，推动志愿服务落到基层、落到实处。截至2019年年底，全区注册志愿者总数已突破100万人，占比达14.5%，提前实现"十三五"规划目标。

党的十八大以来，习近平总书记就精神文明建设作出一系列重要指示，深刻揭示了新时代社会主义精神文明建设的规律特点，回答了事关精神文明建设战略全局和长远发展的重大问题，是指导宁夏做好乡风文明建设工作的强大思想武器。一是做好新时期的乡风文明建设工作，要坚持用习近平新时代中国特色社会主义思想凝魂聚气，这是推动农村精神文明建设走向自觉的时代要求。我们要把学习贯彻习近平新时代中国特色社会主义思想与深化中国特色社会主义和中国梦宣传教育结合起来，加强爱国主义、集体主义、社会主义教育，引导人民群众坚定"四个自信"，在理想信念、价值理念、道德观念上紧紧团结在一起。二是做好新时期的精神文明建设工作，要坚持用习近平新时代中国特色社会主义思想凝心聚力，这是推动精神文明建设走向自觉的实践要求。习近平总书记强调"只有物质文明建设和精神文明建设都搞好，国家物质力量和精神力量都增强，全国各族人民物质生活和精神生活都改善，中国特色社会主义事业才能顺利向前推进"。我们要把习近平总书记重要指示转化为对精神文明建设的规律性认识，转化为指导精神文明建设实践的重要遵循，转化为推进乡风文明建设的具体举措，推动新时代精神文明建设工作展现新气象、提升新高度。

2020年全区精神文明建设，主要从"主线、主责、主业"三个方面把握。"主线"就是为决胜全面小康、决战脱贫攻坚谋划推进各方面工作，激励广大干部群众奋力冲刺、夺取全胜。宁夏是全国脱贫攻坚的主战场之一，从全区看，目前西吉县尚未脱贫，已脱贫县区也需要进一步巩固和提升脱贫攻坚成果。我们抓精神文明建设工作，要自觉置身大局，结合乡村振兴战略，把加强农村精神文明建设与脱贫攻坚扶志扶智相结合，持续深入推动移风易俗，不断丰富精神文化供给，切实把"富脑袋"的任务履行好，为打赢脱贫攻坚战，与全国同步全面建成小康社会营造良好的社会氛围。"主责"就是贯彻落实好十九届四中、五中全会精神及自治区党委十二届八次、九次、十次、十一次、十二次全会精神。这也是当前及今后一个时期重要的政治任务。要着眼推动基层社会治理现代化，充分发动群众参与，推动共建共治共享。一方面，要加强引导、注重实践养成，大力弘扬中华优秀传统文化、革命文化、社会主义先进文化，为推进基层社会治理现代化凝聚最广泛的共同思想基础。一方面，要大胆创新、推动制度建设，在工作实践中探索形成管用有效的制度规范，为推动基层社会治理现代化贡献智慧和力量。"主业"就是坚持弘扬社会主义核心价值观，培养担当民族复兴大任的时代新人，这也是精神文明建设责无旁贷的历史使命。要对标落实好中宣部、中央文明办和自治区党委、政府的决策部署，以培养担当民族复兴大任时代新人为着眼点，充分发挥社会主义核心价值观对国民教育、精神文明创建、精神文化产品创作生产传播的引领作用，不断强化教育引导、实践养成、制度保障，将社会主义核心价值观融入社会发展的各个方面，转化为人们的情感认同和行为习惯。

第二节　宁夏乡风文明建设的新风新貌

为了有效遏制乡村陈规陋习，在全社会树文明新风，2019年，中央农办牵头，联合中央组织部、中央宣传部、中央文明办、农业乡村部等11个部门，共同印发了《关于进一步推进移风易俗　建设文明乡风的指导意见》，这个文件对深入贯彻落实党的十九大精神，有效遏制陈规陋习，树立文明新风，不断提升乡村精神文明建设水平，提供了新的方案，起到了至关重要的作用。2020年1月，宁夏回族自治区党委农办、自治区党委组织部、自治区党委宣传部、自治区文明办、自治区农业乡村厅等11家部门于近日联合下发了《关于进一步推进移风易俗建设文明乡风的实施意见》的通知，这是对中央《关于进一步推进移风易俗　建设文明乡风的指导意见》的积极响应和贯彻落实，更是指导宁夏关于乡风文明建设的实践性举措,关于进一步推进移风易俗建设文明乡风的实施意见》要求力争3至5年在我区形成婚事新办、丧事简办、孝亲敬老、文明理事的社会新风尚,农民群众的获得感、幸福感进一步增强。

根据《实施意见》要求,县乡两级党委和政府指导制定或修订村规民约,充实婚事新办、丧事简办、孝亲敬老等移风易俗内容。按照有关法律法规和程序,支持村民委员会依据村规民约出台具体约束性措施,对红白喜事大操大办、不赡养老人等进行治理,通过教育、规劝、奖惩等措施。规范红白理事会、禁毒禁赌会、村民议事会、道德评议会等群团组织运行,明确婚丧事宜规定、办事程序、酒宴标准和奖惩办法,积极组织开展婚丧嫁娶服务、邻里互助和道德评议等活动。宁夏各地各级组织按照《实施意见》要求,迅速在全区上下开展乡风文明建设的规范工作,经过上下一心的不懈努力,《实施意见》不仅在各地落地生根,并取得了初步成果。

第一,在农民思想道德教育方面,一批志愿者服务队应运而生。不仅加强了乡村道德典型的选树,充分发挥道德模范典型引领作用,良好的文明新风在广大乡村开花结果。各地各级组织结合乡村青少年的接受方式,组织开展争做新时代"宁夏好少年"主题实践活动,培育引导他们"扣好人生第一粒扣子"。

第二,在弘扬乡村优秀传统文化方面,要求各级组织和相关部门把"送文化"和"种文化"结合起来,让文化引导乡村日常文明,让文化浇灌乡村文明成果。加强对历史遗迹、革命遗迹、传统建筑等历史文化遗产的保护,加大引黄古灌区世界灌溉工程遗产等宣传,建设农耕文化科普基地。抓住春节、清明、重阳等传统节日,组织开展花儿、社火等传统文化活动,保护和传承民间艺术、戏曲曲艺、民俗活动等非物质文化遗产。传承发展剪纸、刺绣、泥塑、砖雕等民间工艺,打造宁夏传统工艺品牌。在新时代全民阅读方面,广泛开展"新时代·新乡村·新阅读"主题活动,推动农家书屋和基层图书馆互联互通,结合重要时间节点,大力开展群众乐于参与的阅读推广活动,选树一批阅读榜样。

第三,在创新乡村婚丧服务方式方面,搭建乡村家庭教育、婚恋交友、家庭纠纷服务平台，鼓励村妇联主席成为义务红娘，为乡村青年提供婚恋交友服务。民政部门把婚姻登记日常服务和推进移风易俗工作有机结合起来，倡导举办家庭婚礼、旅行婚礼、慈善婚礼等有纪念意义的婚礼，引导树立婚事新办的新风尚。引导未婚青年自觉抵制高额彩礼，严禁大操大办、浪费攀比。党员干部带头，简化治丧形式，以追思会代替搭棚守灵，革除陋习，积极倡导火葬，严禁火化后二次装棺，引导节地生态安葬，倡导文明祭祀，实行厚养薄葬。

第四，在乡村养老服务方面，构建以乡镇养老机构为中心、乡村社区养老服务设施为网点的乡村养老服务网络。加快建设居家社区老年人日间照料中心和乡村老饭桌，改造提升特困人员供养服务设施（敬老院），条件适宜的整合提升为区域性养老服务中心，推动乡镇养老机构向乡村延伸服务。鼓励通过与赡养人子女签订家庭赡养协议书等方式，督促子女从经济供养、生活照料等方面自觉承担家庭责任。推广成立孝老敬老理事会，依靠村干部、理事会和热心群众关照留守、失能、孤寡老人，推广互助型养老，为老年人提供助餐、助医、娱乐等基本服务。健全定期巡防联系制度，及时发现、防范和化解老年人独自生活风险。

同时，严厉整治乡村黄赌毒、封建迷信等突出问题，依法杜绝低龄婚育现象和买卖婚姻、婚姻诈骗、干涉婚姻自由等行为，加大乡村婚介机

银川市永宁县望远镇富原社区　爱心老饭桌（王丹阳／摄）

构和乡村媒婆培训管理，坚决制止高价彩礼，坚决遏制低龄婚育现象。基层司法执法部门对利用婚丧嫁娶敛财等违法犯罪行为进行重点整治，宁夏吴忠市利通区扁担沟镇秀琴养殖专业合作社的富农牧场内，负责人丁秀琴正在查看奶牛饲养情况。她不仅家庭美满，幸福和睦，而且作为生产能手，带动帮助奶农通过奶牛养殖发家致富，推动了当地奶牛产业的发展。前不久，2019年度自治区"最美家庭"揭晓会在吴忠市举行，丁秀琴一家获最美家庭称号，成为利通区广大群众学习的榜样。连续举办邻居节活动、打造高闸镇"阳光家园"爱心组织、在各社区开设"老年饭桌"、在扁担沟镇打造"萤火虫困境儿童幸福港湾"……近年来，利通区以核心价值为引领，强化创新发展，打造工作品牌，全面提升精神文明建设水平。

在深化推进精神文明建设过程中，各地立足本地实际，以多样化的手段、多样化的载体，不断拓展乡风文明的创建渠道，不断丰富乡风文明的内涵和外延。利通区以创评"乡村好人家"为抓手，以"家庭细胞"的小和谐，好邻居、好婆婆、好媳妇等"十好进农家""十星级民风建设模范户""乡村好人家"评选活动为有力抓手，通过乡村文明新风尚的评选，擦亮乡村精神文明特色品牌。随着评选活动的深入推进，爱国守法、勤劳致富，生活文明、诚信互助，尊老爱幼、团结和睦，崇尚科学、环境整洁等条件已成为"乡村（社区）好人家"评选的硬杠杠，也逐渐成为当地群众衡量道德、规范品行的尺度，深受群众尊崇。目前，利通区已评选出市、区两级乡村好人家3.6万余户，达到该区总农户的60%。

通过形式多样、内容丰富的创建活动，使利通区民风淳朴，文明乡风的气息更浓。利通区以王兰花志愿服务团队工作品牌经验为榜样，关爱乡村留守儿童、留守妇女、留守老人为重点，以家政服务、帮耕帮种、医疗保健、法律服务、文体活动等为主要内容的志愿服务群体不断涌现，各种志愿服务已落地生根，有序开展。同时，利通区还围绕社会主义核心价值观，以村（社区）为创建主体，大力推进"金色阳光·七彩家园"主题创建活动，在12个乡镇打造了主题创建示范点，亮点工作频现。通过一系列丰富多彩的主题活动，解决了群众的实际困难，让群众成为创建活动的主体和受益者。乡村精神文明建设也为利通区改善乡村面貌、提高农民素质、促进乡村改革发展、维护乡村和谐稳定发挥了重要作用。该区通过打造一系列精神文明建设品牌，大力培育村民好习惯和乡村好风气，不断扩大"首善之区"的辐射范围和品牌效应。

对虐待父母等行为加大惩处力度。宁夏固原市原州区通过推行积分制管理方式，激发群众参与文明实践活动的积极性和主动性，志愿者和群众参加文明实践活动可以换算成积分，在文明实践公益超市用积分兑换生活用品。积分制的设立不仅为村民提供了便利，让群众得到了实惠，也为进一步提升乡风民风积蓄了能量。2020年4月份以来，固原市原州区在区、乡镇、行政村三级同步建设新时代文明实践中心（所、站），现已建成新时代文明实践中心1个、新时代文明实践所4个、新时代文明实践站12个，开展活动145场次，参与群众6000余人。原州区头营镇石羊村文明实践公益超市里异常热闹，村民们个个脸上堆满了笑容，忙着挑选他们所需的物品。马兰花为老人兑换了一箱牛奶，马买燕为孩子兑换了一盒文具，马桂兰兑换了两袋洗衣粉和一桶洗衣液……原来石羊村文明实践站正在为村民进行积分兑换。村民马兰花提着一箱牛奶高兴地说："没想到参加了村里的志愿活动，不但净化了我们的环境卫生，还能用积分兑换生活用品，这是我们没想到的好事情。以后我们要经常参加村里的文明实践活动，还要动员左邻右舍也参加。"石羊村本次共兑换积分675分，兑换商品80余件，得到广大群众的一致好评。"对于聚众闹事，煽风点火跟风搅局；不主动参与或抵触选举；不按时参加组织生活；有赌博陋习，被公安部门治安处分；参与迷信活动；家里孩子辍学……我们都会根据文明实践活动积分制度扣除相应的积分。"

通过开展新时代文明实践活动，细化积分、上墙公示制度，标清每一项积分和扣分的来龙去脉，一系列措施制度的陆续实施，让新时代文明实践站发挥着它的最大优势和作用，有力地推动了乡风文明建设和脱贫攻坚。所有群众（志愿者）的总积分都可作为征信和评优选先依据。文明实践活动积分制管理模式给村民带来了实惠，还充分激发了群众的积极性、主动性，推动了新时代文明实践工作落细落实。"小积分能换来大文明，以前觉得做好事是助人为乐，图自己心里高兴。现在做好事还能得积分换取实物奖励，真心值得点赞。"彭堡镇申庄村村民马克林说。不少村民过去有乱扔垃圾的习惯，现在都改变了，不断有村民申请加入志愿者行列。在调研中，彭堡镇蒋口村村主任张会明告诉我们，在积分管理制引导下，原州区新时代文明实践活动越来越丰富，群众参与的热情越来越高，村风民风持续好转，高额彩礼得到有效遏制，人居环境明显改善，社会治安好转，群众安全感、获得感、幸福感进一步增强，逐渐形成人人参与文明实践、共建美好家园的良好氛围。

宁夏吴忠市青铜峡市通过"四抓四促"，积极破解移风易俗中存在的突出问题，推动乡风民风不断美起来，乡风文明呈现一派新风新貌。青铜峡市在每个乡镇（农林场）搭建"八个一"（一条文明示范巷、一批善行义举榜、一套村规民约、一个道德评议会、一个红白理事会、一个道德讲堂、一个志愿服务团队、一支乡贤队伍）乡风建设载体，108个村（社区）全部建立红白理事会章程，文化活动中心及市民大厅实现移风易俗宣传全覆盖。今年以来，发放移风易俗倡议书、宣传资料等6.44万份，播放移风易俗公益广告730条次，举办移风易俗专场文艺演出24场次。利用惠农广播每天早中晚三个时段播放《市民办理婚丧喜庆事宜公约（试行）》和移风易俗倡议书。开展"写标语、赢话费"新媒体互动活动，扩大群众对移风易俗的知晓率和参与度。

青铜峡市推出了一批移风易俗示范户、优秀红白理事会、移风易俗先进村镇，充分发挥先进典型的示范引领作用。将移风易俗融入新时代文明实践活动，通过专家讲理论、群众讲身边事等形式，引导群众破除陈规陋习、养成文明健康生活习惯。2018年以来，开展移风易俗实践活动194场次，辐射群众两万余人次；开展红白理事会市镇村三级骨干培训148次，六千余人次参加，广大群众实现由"走着看"到"学着办"的转变。一股乡风文明的新风扑面而来。

同时完善考核机制，将红白理事会职责和作用发挥情况纳入村监会工作范畴和效能考核，按照考核等次评定发放工作经费，对作用发挥不明显的及时调整。建立健全党员领导干部婚丧嫁娶备案制度，发挥其示范带头作用。制定《市民（居民）办理婚丧喜庆事宜公约（试行）》，规范红白事办理标准、操作流程等，推进移风易俗工作制度化、常态化。

以"城乡文明共建，助力脱贫攻坚"为抓手，采取每5个文明单位帮扶1个移民村的形式，将39项文化扶贫任务分解到每个责任单位，为每个移民村建立综合文化活动中心和文化长廊、配备体育健身器材等，实现村村有政策超市、农家书屋，家家通有线电视、无线网络。组织文艺团队、文化工作者积极深入乡村开展系列活动，丰富移民群众精神文化生活。

宁夏通过这些立足实际、形式多样、内容丰富的创建活动，已经使得乡风文明深入人心，并在大家的积极参与下逐步成为现实。

第三节 宁夏乡风文明建设的突出问题

虽然宁夏在乡村精神文明建设方面取得了丰硕成果，乡风文明建设也取得了长足进步，但就实际情况而言，还存在一些短板和不足。陈润儿书记在自治区党委十二届九次全会上明确指出要重点解决精神文明建设认识固化、载体老化、内容弱化问题，从我们日常工作和调研的情况来看，集中表现在以下几个方面：一是工作作风问题，一些地方和单位对精神文明建设工作重视不足、指导不力、把关不严，重形式轻内容、重面子轻里子、重迎检轻常态。二是内容形式单一问题，特别是对新形势新任务研究不深不透，具体工作开展存在旧有思维惯性意识，按惯例、走过场等现象比较普遍，精神文明建设与各自工作结合不够紧密，整体缺乏亮点、缺少特色。三是作用发挥不足问题，从年前抽查验收文明创建情况看，一些地方和单位精神文明建设标准不高，质量下滑，示范带动作用发挥不足，没有形成一项工作引领一批、带动一片的良好氛围。移风易俗第三方测评显示群众对操办婚丧喜庆事宜整体满意度有所提高（与2018年相比提高5.7%，利通区、泾源县、贺兰县等5个县（区）进步较大），但个别地方大操大办、厚葬薄养等陈规陋习依然不同程度上存在。四是新时代文明实践中心建设试点工作存在体制不顺、职责不清的问题，一些试点地方统筹整合资源的措施还不够有力，志愿服务队伍的专业化水平也不够高。

　　出现这些问题，究其原因，仍旧是"四风"不改，形式主义作祟。要切实解决陈润儿书记指出的"认识固化、载体老化、内容弱化"问题，我们要深刻反思，对标找差，深入研究：坚持以习近平新时代中国特色社会主义思想为指导，深入贯彻落实党的十九大和十九届二中、三中、四中、五中全会精神，习近平总书记视察宁夏重要讲话精神，自治区党委十二届八次、九次、十次、十一次、十二次全会和全国全区宣传部长会议精神，增强"四个意识"、坚定"四个自信"、做到"两个维护"，聚焦举旗帜、聚民心、育新人、兴文化、展形象的使命任务，围绕服务决胜全面小康、决战脱贫攻坚这条工作主线，着力培养担当民族复兴大任的时代新人，着力弘扬共筑美好生活梦想的时代新风，大力培育和践行社会主义核心价值观，深入实施思想道德建设引领工程，持续深化群众性精神文明创建活动，为与全国同步全面建成小康社会和"十三五"规划圆满收官，努力建设好经济繁荣、民族团结、环境优美、人民富裕的美丽新宁夏提供坚强思想保证和强大精神动力。

　　一、宁夏乡风文明建设方面存在的问题

　　和全国大多数乡村一样，宁夏的乡风文明建设在取得一定成绩的同时，也不同程度地存在着其他省乡风文明建设中的共性问题。在广大乡村地区，除了部分地区乡村干部比较重视乡风文明建设外，绝大多数乡村干部仍未把乡风文明建设纳入工作日程，尤其是在偏远的少数民族地区。村民自治有待真正落实，民主选举过程中贿选、拉票等现象时有发生，部分村委会成员不能真正体现村民的意愿；有些村干部由于自身素质较低，有参与赌博、封建迷信活动、擅自承包出租集体土地等行为，这都严重败坏了乡村社会风气，损害党在群众中的形象。对于偏远山村来讲，受经费和现实条件的制约，发展经济成了村级干部的主要工作，在他们看来，解决农民最关心的利益问题才是最重要的，文化对于贫困地区来说，只是经济发展的附属品，乡风文明建设就更加无人过问了。乡风文明与乡村文化息息相关。乡村文化根源于农民的生产实践，对农民群体及整个乡村社会起着重要的作用，是农民的精神寄托。随着城镇化不断推进，各种文化强势入驻乡村，改造乡村文化。由于城市文化与乡村文化生长的土壤和受众人群不同，那些具备较高文学素养的文化和艺术难以融入乡村，而其中一些粗俗、低端的文化却迅速向乡村蔓延，极大地冲击了乡村文化的根基，弱化了乡土文化的教化功能、调节功能、教育功能等，许多承载着社会价值的乡村文化湮灭在城市化进程中。乡村文化的传承和延续在于田间、山林，但是随着乡村经济的发展，乡村社会由封闭走向开放、由同质走向异质、由熟人社会向陌生人社会或半陌生人社会转变，现代生活方式、交往方式、消费方式进入乡村社会，农民的生活习惯、思维方式、生产方式都产生了质的变化，原有的乡村文化已经满足不了农民的需要。加之现代网络技术的发展，农民的文化生活向私性化发展，极大地压缩了乡村文化的内生空间，现有的集体文化生活显得单调和乏味，乡村文化整体呈现出"空洞"状态。乡村文化价值体系内部出现了分化和断裂，原有的平衡状态被打破，主导性价值观规范社会群体行为的效果甚微，难以维护社会有序运转。宁夏在乡风文明建设中也存在着问题：

（一）乡土文化公共性依旧十分淡薄

（二）乡村共同精神纽带尚未健全

市场经济以利益为导向的特点，使人的交往变得具有功利性，追求物质满足和肉体满足，诚信、理想、信念都成为空谈，滋生出重功利、重才能的价值观，追求经济利益成为一种时尚。当金钱成为社会生活的唯一的标准时，其他法律、道德、美丑、善恶、真假、黑白等都将不再是评判是非的标准，它们在货币面前根本不堪一击。乡村经济体制的改革，集体生活生产的模式被改变，村庄集体性实质被解构，农民成为独立的生产单位，个人意识得到前所未有的释放。毫无疑问，市场经济的发展极大地解放了农民，他们的自主意识、独立意识不断强化。但我们也不能忽视村庄共同精神纽带不断被消解的现实，农业生产的市场化、家庭化、个体化，淡化了集体意识，使得农民与农民间的人际关系理性化、冷漠化，这在一定程度上强化了个人主义。村庄内部共同体根据现实需要随意组织，虽然满足了生活生产的需要，但是也使整个村庄成一盘散沙，乡村文化的凝聚意识的作用将不能有效发挥。

（三）农民自身文化素养有待进一步提升

农民是乡风文明建设的主体，具备一定科学文化素养，是提高乡村整体精神风貌的基础。根据国家统计局2016年统计的数据，分地区按性别、受教育程度分，6岁及以上人口，未上过学的占5.7%，分地区按性别，分15岁及以上人口，文盲人口占5.28%。在广大乡村地区，乡村居民受教育程度集中在初中及其以下，不识字和识字很少的人口大有人在。干部大都也只有初中文化水平，村干部难以树立正确的理想信念，无法向农民传播社会主义核心价值观、践行国家意志。

二、对新时代增强乡风文明建设的建议

（一）发展现代农业，夯实乡风文明建设的物质基础

发展现代农业是当前乡村物质文明建设的核心任务，也是改变我国乡村农业低效与弱质化面貌、实现农民富裕幸福的基本途径。③发展现代农业，促进乡村一、二、三产业融合，实现农业产业化，是未来乡村发展的大趋势。改善乡村社会风貌，发展生产力，建立现代农业，有利于摆脱经济条件的制约，建设美丽宜居乡村。乡村应结合其土地、土壤、气候优势，在大力发展第一产业的同时，融合第二、三产业，实现农业产业化发展。一方面培育特色优质产业；一方面指导农民利用当地独特的自然资源和人文资源，发展具有民族特色、乡村特色的旅游业。经济是文化发展的基础，乡村经济发展了，农民收入提高了，才有资金、有精力去开展和参加形式多样的文化活动，才

能让村民真正共享改革开放的物质成果和文化成果。

（二）提高村级干部管理水平，增强乡村治理能力

村级领导干部是乡风文明建设的发起者和督促者。政府应定期向村级管理人员宣传新思想、传达和解读中央乡村工作交流会议的精神、举行学习乡村振兴战略的培训活动，以提高村级管理工作队伍的管理水平。首先，做好领导干部的思想政治工作，发挥社会主义核心价值观的引领作用，使其认识到文明建设的实际意义，坚持以人民为中心的原则，扎扎实实为农民工作，进而获得村民的信任和拥戴。其次，政府也要组织专门的工作者直接参与乡风文明建设，组建一支年轻化、知识化、专业化、负责任的乡村工作队伍，切实提高乡村管理工作队伍的管理水平，进一步完善村民自治制度，激发村民参与村务管理的热情，真正实现村民自治。最后，增强乡村基层组织的凝聚力。乡村基层组织是发展经济、脱贫致富、引领农民对村庄精神共同体认同的重要抓手。应加强制度建设，完善农民利益表达平台，积极主动与农民进行交往，想农所想，解决农民的实际困难。

（三）加强社会主义核心价值观教育，提升农民思想道德素质

发挥社会主义核心价值观的教育与引导作用，可以陶冶农民思想道德情操，用科学文化知识武装自己的头脑，自觉树立正确的思想道德观念，进而在现实生活中作出正确的行为抉择。首先，重塑集体主义价值观。马克思认为："只有在集体中，个人才能获得全面发展其才能的手段，也就是说，只有在集体中才可能有个人自由。"务必要重塑集体主义价值观，凝聚社会意识，组织农民，将农民身上好的思想素质激发出来，促使其在现实生活中自觉践行，在遵守规范的基础上实现真正的自由。其次，发挥榜样的力量。基层领导干部是连接农民、国家、社会的桥梁，他们的一言一行代表着国家。村级干部必须主动学习和践行社会主义核心价值观，以身作则感召农民，激发农民学习和实践的热情，增强农民的荣辱意识。最后，加强思想道德教育，开展道德模范学习活动，提高农民的道德践行能力。

（四）加强乡村基础文化工程建设

以文化惠民工程为抓手，开展形式多样、丰富多彩的文化活动，以乡村文明实践中心为载体，不断拓展和满足农民学习的需求和方式，同时壮大村民中的文化队伍，以逐渐改变群众的不良娱乐方式，改善乡村的社会风尚。

第四节　宁夏乡风文明建设的发展方向

一、要严格审核把关，全面做好年度评选表彰各项工作

2020年是3年一届的全国精神文明创建评选表彰年，宁夏将组织向中央推荐一批全国性先进典型，这既是对全区精神文明建设成果的集中检阅，也是展现宁夏回族自治区精神风貌的有利契机。全区上下务必要做到，一要认真组织评选。坚持公平公正、公开透明，严格评选程序、严谨规范操作、严肃评选纪律，真正把创建成效明显、群众认可满意、在全区乃至全国具有示范作用的先进典型评选出来，使评选过程成为提升创建水平的过程、成为群众共建共治共享的过程、成为求真务实取信于民的过程。二要加强检查考核。根据评选办法，中央文明办将对已获得荣誉称号的全国文明城市、文明村镇、文明单位、文明家庭和文明校园进行复检考核，自治区文明办也将结合中央考核的奇迹，再次组织对全区精神文明创建情况进行专项检查。对推荐上报的先进集体、先进个人，各级文明办要严格落实管理责任，充分考察、严格把关，确保评选结果经得起群众评价和历史实践检验。三要务实开展表彰。2020年，自治区的各项评选表彰活动继续坚持"隆重热烈、节约实效"的原则进行，各级文明办也要把旗帜鲜明反对形式主义、官僚主义作为一项重要政治任务，严格落实基层减负相关要求，加强督促指导，确保评选工作顺利推进。各级各类媒体要持续深入开展宣传报道，推广创建先进工作经验，展示精神文明建设成果，推动精神文明建设热潮。

二、要大胆探索实践，全力推进新时代文明实践中心建设试点工作

新时代文明实践中心建设是今年精神文明建设工作的重头戏。2019年宁夏在区内推进试点建设工作，取得了很好的效果，2020年的试点建设工作要有更高的标准、更严的要求、更好的成效。中宣部、中央文明办对深化拓展试点工作下发文件作了明确指示，在固原召开的全区新时代文明实践中心建设试点工作推进会上，自治区党委常委、自治区党委宣传部部长李金科就2020年工作做了全面部署。自治区党委宣传部也就新时代文明实践中心建设试点工作提出新要求。

（一）要加强资源整合

按照"打通贯通联通"的要求，整合党建、文化、科技、教育、卫生等资源，有效统筹调配，推动新时代文明实践中心建设与基层党建、脱贫攻坚、乡村振兴和城乡公共服务体系建设等结合起来，一体推进，不断提高资源使用的效率、效益、效能。

（二）要推动作用发挥

精准对接群众需求，注重发挥基层党组织的先锋作用、各类志愿者的生力军作用、新乡贤等能人的带动作用和乡村家庭的基础作用，着力打造一批有主题、有特色、有内容的工作品牌和活动项目，确保群众在哪里，文明实践就要延伸到哪里。自治区有关单位也要组建专业化的志愿服务团队，加强对试点县（市、区）的支持帮助。

（三）要注重总结推广

对试点建设中涌现出的好经验、好做法，要及时进行提炼总结。同时，积极推广固原市乡村文明实践积分卡制度等创新经验做法，推动新时代文明实践中心建设，不断扩大新时代文明实践中心的覆盖面、影响力。

三、要加强思想道德建设，积极营造文明和谐的社会主义道德新风尚

以实施《新时代公民道德建设实施纲要（2019年印发）》《新时代爱国主

义教育实施纲要》为契机,抓好学习宣传贯彻,强化工作措施,不断提升人民群众思想觉悟、道德水准、文明素养。

(一)坚持道德建设和爱国主义教育同步推进

着眼构筑中国精神、中国价值、中国力量,大力推进"四德"建设,引导人们自觉讲道德、尊道德、守道德。要持续深化"让有信仰的人讲信仰"系列主题活动,以主流价值构建道德规范、强化道德认同、指引道德实践。要大力弘扬爱国主义精神,积极推动实施中国传统节日振兴工程,指导各地在春节、清明节、中秋节等重要传统节日开展富有传统文化特色的活动,宣传普及中华优秀传统文化,激发人民爱国情怀。

(二)坚持教育引导与实践养成相互融合

坚持把立德树人作为根本任务,切实抓好"扣好人生第一粒扣子"主题教育实践活动,把"新时代好少年"评选和学习宣传及传统文化进校园等活动纳入其中,推动实践活动取得实效,帮助青少年形成正确的道德认知。要坚持以"我推荐、我评议身边好人"为载体,发布自治区"最美人物",组织做好"中国好人"等评选活动,以榜样力量引领社会风尚。

(三)坚持德治与法治共同发展

建立完善推动社会主义核心价值观入法入规工作协调机制,发挥好法治对道德建设的保障和促进作用。要进一步健全守信联合激励和失信联合惩戒机制,强化刚性约束,提高失信成本,并组织开展首届"塞上诚信之星"发布等主题实践活动,推动形成全社会守信光荣、失信可耻、无信难行的浓厚氛围。

四、要坚持为民利民惠民,不断增强群众性精神文明创建工作的实效

"五大创建"是精神文明创建工作最基本的形式、最传统的工作之一,也是最强有力的抓手之一,要持之以恒抓深抓实。

(一)聚焦工作重点

文明城市创建是群众性精神文明创建的龙头工程,今年的创建工作,要

以对标完善为重点，不断提升创建水平，全力做好全国文明城市评选复查各项工作。自治区也将组织召开全区全国文明城市创建工作推进会，指导各地精细化、规范化开展创建工作。要把文明村镇创建与脱贫攻坚紧密结合，推动实现乡风民风、人居环境、文化生活"三个美起来"。要落细落实《自治区文明单位创建管理办法》，对机构改革后合并重组的文明单位，自治区文明办将对标中央相关规定出台具体办法，确保文明单位创建工作有力有序推进。要持续深化文明家庭创建，探索文明家庭长效管理机制，推动形成爱国爱家、相亲相爱、向上向善、共建共享的文明家庭新风尚。要对标"六好"标准，扎实做好文明校园创建工作，教育部门也要积极履行职责，加强督导，推动文明校园创建工作落地。

（二）突出创建为民

对群众反映强烈、社会普遍关注的道德滑坡、公德失范、诚信缺失、价值取向不端等突出问题，各地各有关部门要强化配合、精准发力，结合文明创建，出实招、见实效，多办好事实事，多解难事愁事，不断增强人民群众的幸福感、获得感。特别是对这次新冠肺炎疫情防控工作中暴露出的一系列问题，要结合文明创建大力开展健康理念和传染病防控知识宣传教育，引导广大人民群众注重个人卫生、注重个人文明，养成科学、文明、健康的生活方式。

（三）加强动态管理

文明的牌子不仅是荣誉，更是责任。要以推进文明创建常态化管理为重点，结合"亮牌子、树形象、展风采"活动，全面推进落实"负面清单"管理制度，对创建工作滑坡严重的要坚决取消其荣誉称号，切实扭转"重创建、轻管理"的观念。

五、要加强宣传引导，全面加强乡村精神文明建设

紧扣乡村振兴战略大局，着眼决胜全面小康、决战脱贫攻坚，全力补齐乡村"精神短板"。

（一）点面结合，推动全面提升

在点上，要狠抓示范带动，结合评选推荐第一批全国和自治区乡村精神文明建设示范县，第二届自治区移风易俗工作先进县、先进村镇、模范户等，筛选推广一批移风易俗、弘扬时代新风的先进经验。在面上，要狠抓整体推进，以"提升宣传教育引导实效，提升红白理事会工作成效，提升村规民约制度约束力"为目标，在全区组织开展"移风易俗深化年"活动，引导"一约四会"充分发挥作用，减轻群众负担。同时，扎实组织开展"中国脱贫攻坚"新时代大讲堂，通过讲述脱贫故事，引导贫困群众增强脱贫底气、提升致富能力，激发脱贫攻坚内生动力。

（二）奖惩结合，完善激励机制

广泛开展"星级文明户""最美家庭"以及好婆媳、好妯娌等创建评选活动，大力进行表彰宣传，让凡人善举上榜，为新风正气立碑。重点落实好先进典型、道德模范关爱礼遇、困难帮扶举措，鲜明树立好人好报、德者有得的价值导向。同时，要强化督导考核，对工作滑坡严重，第三方考核成绩不佳的县区，自治区文明办将对相关负责人进行约谈。

（三）"种""送"结合，丰富群众文化生活

健全公共文化服务体系建设，管好用好村综合文化活动中心、乡村文化广场、农民文化大院等，指导和扶持民间文化社团，为发展群众文化创造良好条件，传承发展好本土优秀传统文化。各地各级文明办要结合"三下乡"和"文化进万家"等活动，开展形式多样、内容丰富的文艺巡演，进一步满足人民群众日益增长的精神文化需求，推进实现文化小康。

六、要弘扬时代精神，健全志愿服务体系

志愿服务是社会文明进步的重要标志，是培育和践行社会主义核心价值观的有效载体。要健全志愿服务体系，着力推动志愿服务制度化、社会化、专业化，更好地发挥志愿服务在社会治理中的积极作用。要加大扶持力度。围绕服务中心工作、服务群众生活，组织实施"新时代宣讲师"计划，扎实

开展"美丽中国""智惠行动"等志愿服务项目,着力培养一批立得住、叫得响的志愿服务队伍,打造一批示范性强、影响力大的志愿服务品牌,不断扩大志愿服务的影响力,力争在2020年全区注册志愿者总人数突破110万人。

(一)加强阵地建设

以城乡社区、公共场所、窗口单位为重点,加快推进社区、高校志愿服务中心建设,实现博物馆、图书馆、科技馆志愿服务阵地全覆盖。大力培育志愿服务文化,引导广大群众为他人送温暖、为社会作贡献,让志愿服务成为人们的生活习惯和生活方式。

(二)完善保障机制

积极完善志愿服务组织承接公共服务、参加公益创投和社会捐赠等方面的政策措施,推动更多公共资源向基层志愿服务组织开放。同时,继续做好学雷锋志愿服务"四个100"先进典型宣传推选活动,发挥好先进典型示范引领作用,促进志愿服务水平提升。

七、要主动顺应发展趋势,不断提升网络精神文明建设工作水平

习近平总书记指出,"只有站在时代前沿,引领风气之先,精神文明建设才能发挥更大威力"。精神文明建设要更富时代特征,更加充满活力,网络建设是重中之重。

(一)注重巩固阵地

持续加强"两微一端"建设,加大中华优秀传统文化和道德模范、宁夏好人等先进典型的宣传力度,在互联网空间营造见贤思齐、崇德向善的良好氛围。

(二)注重平台搭建

充分利用网络资源,借助各类公众平台开设精神文明建设专栏,开展网上"讲文明树新风"和网络公益、网络文明传播等活动,大力倡导网络文明新风,打通与群众沟通互动的有效渠道。

（三）注重渠道拓展

不断创新内容、方式方法、途径载体，做好"微传播"文章，推动个性化信息服务，引导广大网民特别是青少年踊跃参与"微公益"、传播"微文明"、汇聚"微力量"，提升精神文明宣传工作的吸引力，共同营造社会文明风尚。

在具体工作实践中，通过基层党建引领，打造乡风文明建设主心骨。利用党组织的红色引擎带动作用，增强各级党组织的统揽能力，充分发挥基层党组织在乡风文明建设工作中的战斗堡垒作用。建立"党员三带"工作制度，即党员带头参加环境整治、带头参加移风易俗、带头参加志愿服务，充分发挥党员的带头引领作用，设立党员乡风文明建设专项岗位，引导社区党员争当环境卫生督导员、移风易俗宣传员、乡风文明指导员、志愿服务组织员。做到一人带一人，众人帮一户。

实施清洁家园工程，筑牢乡风文明建设"硬基础"。宣传发动要入楼入户，宣传小卡片和倡议书要覆盖每一个家庭，充分利用社区广场大屏幕、社区广播、楼栋宣传屏、微信微博持续扩大宣传覆盖范围，进一步营造浓厚的活动氛围。坚持问题导向，全面排查整治存在的垃圾清运不及时、车辆乱停乱放、楼道不通畅、占道经营等突出问题。要巩固完善长效常态，建立环境"日清扫""周督查""月考核"制度，常态化督促责任落实。贯彻"文化润人"理念，优化乡风文明建设"软环境"。建设社区"党群之家"，打造一站式党群文化活动平台，设置科普馆、图书馆、儿童乐园、书画馆、舞蹈排练厅等功能室场所，满足社区居民文化生活需要。丰富道德讲堂内涵，提升居民文化素养，坚持以身边事感动身边人。增加文化活动形式，开展送戏下乡、周末书场、社区"民星"选拔等文艺演出活动，展现社区居民精神新面貌。常态设置精神高地、廉政文化、红黑榜、义举榜、科普、法律等专题模块，生动有效地传播正能量、弘扬主旋律。开展移风易俗活动，引领乡风文明建设"新风尚"。成立"移风易俗"理事会，邀请社区有威望、有影响力、热心服务的老党员、退休教师、乡贤、文化名人等群体参与基层社区管理，制定社区居规民约，大力倡导婚事、丧事简办，反对铺张浪费,破除封建迷信,革除陈规陋习,倡导健康文明新生活,建立平等、友爱、互助的人际关系,积极营造健康向上的生活环境。

中卫市沙坡头区迎水桥镇南长滩村 移风易俗(张绍慧/摄)

形成志愿服务品牌,争当乡风文明建设"排头兵"。抓好志愿服务组织的外引内培,成立诸如党员志愿服务队、公益书社、老年之家、社区"搭把手"服务队等志愿服务组织。突出长效管理,抓好志愿服务制度建设,如制定党员志愿者"四亮剑"制度,亮身份、亮形象、亮项目、亮成效。推出志愿者激励计划,对社区志愿者的活动开展情况和成效进行量化,并拿出一定的物质奖励予以激励,如减收物业费、免费使用停车位等,努力形成"有时间做志愿者、有困难找志愿者、挤时间当志愿者"的社区志愿服务氛围。

抓好正面典型选树,树立乡风文明建设新标杆。坚持从日常调查走访中,了解核实在勤劳敬业、诚信经营、尊老敬老、热心公益、无私奉献等方面存

银川市 永宁县望远镇富原社区 最美志愿者(王丹阳/摄)

在的真人真事，并做好跟踪记录工作。开展社区先进模范评选，如开展"三最三好"评选活动（最美家庭、最美善举、最美志愿者、好媳妇、好党员、好青年），树立社区典型品牌。按照"点燃一盏灯、照亮一大片"的原则，通过社区道德讲堂、周末剧场、群众课堂等载体，邀请社区典型人物现身说法，用鲜活教材和生动的细节来传播社区的正能量

推进乡村振兴，就是要坚持塑形与铸魂并重，推动形成文明乡风、良好家风、淳朴民风，不断提高乡村社会文明程度，凝聚实现乡村全面振兴的强大精神力量。

（一）是加强制度建设和机制建设

推进乡风文明，靠硬性规定很难有抓手、效果也不一定好，关键要围绕建立健全党委领导、政府负责、社会协同、公众参与、法治保障，建立现代乡村治理体系，围绕自治、法治、德治相结合健全乡村治理体系，让乡村社会既充满活力又和谐有序。首先，提高乡村自治水平，落实村民代表会议、村务监督委员会制度，充分发挥基层民主协商的作用，让农民自己"说事、议事、主事"，引导群众积极参与、自我约束，发挥村规民约、群众性组织在乡村治理中的作用，调动乡村各类主体有序参与村级事务，用自治化解矛盾。比如，鼓励红白理事会等群众性组织开展形式多样的宣传、引导、服务工作，潜移默化地将移风易俗深入群众心中，达到树立文明乡风的目的。其次，提高乡村法治水平，完善乡村公共法律服务体系，加强乡村法治宣传教育，引导基层干部群众尊法学法守法用法，依法表达诉求、解决纠纷、维护权益；建设平安乡村，加强乡村社会治安防控体系建设，提高矛盾纠纷排查调处化解能力，依法打击危害乡村稳定、破坏农业生产和侵害农民利益的违法犯罪活动。再次，要提高乡村德治水平，发挥乡村道德引领作用，开展乡村"文明家庭""五好家庭""好媳妇、好婆婆"等各类道德评选和宣传活动，让榜样的力量带动农民向上向善、孝老爱亲、重义守信、勤俭持家；发挥熟人社会作用，树立新乡贤典范，发挥其在乡风文明中的示范引领作用。

（二）让党员干部在乡风文明建设中发挥带头作用

推进乡风文明建设，离不开党员干部的带头，更离不开和谐的干群关系。第一，要加强乡村"四支队伍"建设，继续推进乡镇干部队伍建设、村"两委"班子建设、乡村干部培训及党员队伍建设，不断提高服务群众的能力，不仅带领群众"富口袋"，还要让群众"富脑袋"，引导群众提升发展经济的能力和提升科学文化的学习，进一步增加群众的获得感和幸福感。第二，要加强基层党组织建设，深化"五联五促"，发挥基层党组织在民族宗教工作领域和乡风文明建设中的坚强领导、正面教育和严格管理作用；继续向软弱涣散村、建档贫困村党组织选派第一书记，树立抓乡风文明就是抓脱贫攻坚的意识，通过"抓宣传、抓落实、抓管理、抓文化"，引导群众转变思想观念，推进脱贫攻坚。第三，要发挥党员干部在推进乡风文明中的带头引领作用，引导党员干部廉洁齐家，自觉做到孝老爱亲、团结邻里，自觉抵制不良风气，带头移风易俗，反对铺张浪费，促进党员干部塑造良好的道德品行、价值观念，让他们在乡风文明建设中给群众立标杆、传美德、做表率。

（三）找准切入点，树立典型榜样

推进乡风文明建设，要做好与乡村思想道德、传统乡土文化，以及树立典型示范相结合的文章。首先，要把乡村思想道德教育纳入乡村基层基础工作，作为党的基层宣传工作的主要任务，通过电视、广播、微信等群众乐于接受的方式，广泛开展中国特色社会主义和中国梦宣传教育，将社会主义核心价值观融入乡村社会的各个方面，转化为乡村群众的情感认同和行为习惯。其次，要把优良的民俗文化与现代文化相结合，深入挖掘并继承宁夏丰富多彩的民间文化，如剪枝、花儿、社火、皮影、秦腔、口弦、书画等在西北乃至全国都有一定影响力的传统民俗，赋予时代内涵，充分发挥其在凝聚人心、教化群众、淳化民风中的作用；要强化乡村思想文化阵地建设，发展村级综合文化服务中心、基层文艺团队、农民文化大院，开展送戏下乡、送文化进村，引导群众开展喜闻乐见的精神文化活动。最后，要发挥典型榜样示范引领作用，通过树立新乡贤文化、道德模范、典型事迹，引导广大农民群众崇尚科学文明，学习科学健康的生活方式，自觉抵制婚丧嫁娶大操大办、人情债、天价彩礼等陈规陋习，形成勤俭节约、尊老爱幼、邻里团结、遵纪守法的乡风文明新风尚。

在乡村振兴全面推进的过程中，乡风文明建设作为板块之一，对保障脱贫攻坚高质量完成、提升乡村基层治理能力、稳固乡村社会发展环境等具有重要作用。总书记的讲话为我们推动乡村文化振兴、动员和激励广大乡村群众积极投身社会主义现代化建设指明了方向。

提高乡村社会文明程度，既要充分发挥乡村发展中保留下的特色文化优势，也要积极汲取现代化发展浪潮中的新兴文化要素。以农民为主体，提供多元的文化服务和活动平台，提升乡村的文化氛围，充实农民的文化生活。还应当做好教育培训工作，通过专题培训、交流学习、宣传引导等，提升农民整体素质。

焕发乡村文明新气象，要注重培育良好家风。家风是社会风气的重要组成部分。我们要以社会主义核心价值观为引领，发扬光大中华民族的传统家庭美德，通过"五好家庭"评选等活动，提升村民积极性，促进家庭和睦，带动社会和谐发展。淳朴的民风是我国优秀传统文化的一部分，统筹推进乡村全面振兴，也要培育良好的淳朴民风。要根据不同地区的生活习惯和民俗特点，凝聚群众、引导群众，以文化人、成风化俗，不断提升人民思想觉悟、道德水准、文明素养和社会文明程度。

第四章　宁夏乡风文明的培育路径

第一节　推行乡村移风易俗

乡村振兴不振兴，要看乡风好不好。近些年，全国各地在革除乡村陋习，树文明新风方面，做了一些工作，取得了明显成效。但是，天价彩礼娶不起、豪华丧葬死不起、名目繁多的人情礼金还不起以及孝道式微、乡村老人老无所养等问题还不同程度存在。这些乡村社会不良风气的蔓延，成为广大农民群众沉重的家庭负担，实际上它也扭曲了人们的价值观。为了有效遏制乡村陈规陋习，树文明新风，中央农办牵头，联合中央组织部、中央宣传部、中央文明办、农业乡村部等11个部门，共同印发了《关于进一步推进移风易俗建设文明乡风的指导意见》，这个文件对深入贯彻落实党的十九大精神，有效遏制陈规陋习，树立文明新风，不断提升乡村精神文明建设水平，提供了新的方案，起到了至关重要的作用。宁夏随即出台《关于进一步推进移风易俗建设文明乡风的实施意见》，并部署具体实施。

一、宁夏开展移风易俗的基本实践

2019年是宁夏整体推进移风易俗的第三年。截至2019年1月，全区2200多个行政村实现红白理事会组织、村规民约修订全覆盖。为围绕开展"加强年"活动，各地结合中央巡视反馈问题整改任务，制定《红白理事会工作加强年实施方案》等。春节前后，各地广泛组织移风易俗宣传"进组入户"行

吴忠市利通区上桥镇牛家坊村移风易俗宣传栏（张绍慧/摄）

动，仅吴忠市县区入户总数就达22万户。各县区普遍建立文明委成员单位包村宣传机制，一批先进红白理事会、移风易俗示范户受到表彰。目前，各地已举办红白理事会成员培训932期，参训人员达48986人次。4月，自治区启动新时代文明实践中心建设试点工作，把持续推动移风易俗纳入其中，运用志愿服务方式加以推进。2019年9月，自治区党委宣传部与文化和旅游厅、妇联组织的移风易俗文艺演出已在固原市启动，巡回演出40场。以南部山区彭阳县为例，两年多来，全县4500多个家庭婚事新办、丧事简办，并涌现一批零彩礼家庭，乡村结婚彩礼普遍下降约三分之一左右。2019年6月，宁夏整体推动移风易俗的做法，在全国文明办主任培训班上作交流推广。

二、宁夏在移风易俗工作方面成功经验

加强红白理事会建设是推动移风易俗的基础性工作。从调研了解的情况看，各地突出宣传引导、开展实践活动、强化制度保障，采取多种行之有效的方法，夯实基层工作的基础，推动这项工作更加扎实有效地开展。

（一）各级组织重视，形成高位推动态势

各地紧扣脱贫攻坚和乡村振兴这个主题，把加强村红白理事会建设作为推动移风易俗的重要环节，列入党委政府议事日程，纳入乡村精神文明建设来高位推动。石嘴山市针对一些村红白理事会在移风易俗中作用发挥不够的问题，制定《关于2018年脱贫攻坚成效考核反馈移风易俗问题的整改方案》，发挥村"两委"作用，指导做好红白理事会成员调整的工作，强化服务管理职能。针对有的村规民约修订照搬照抄，没有划定彩礼钱、份子钱"红线"现状，吴忠市红寺堡区、青铜峡市等以乡镇为单元，由红白理事会组织推动300多个行政村（社区）重新制定《市民（居民）婚丧喜庆公约》。2019年4月，自治区意识形态工作巡视资料显示，利通区委召开由纪（监）委、组织、宣传、民政等10个单位参加的移风易俗联席会议，把红白理事会建设议题纳入其中，筑牢推动移风易俗的组织基础。贺兰县常信乡新民村建有移风易俗工作室，红白理事会机构和章程齐全，村民红白事办理有登记台账。

（二）教育引导，扩大覆盖

围绕解决群众对移风易俗知晓率不高的问题，2019年年初以来，各地按照自治区文明委的统一部署，引导村镇干部、党团员和红白理事会成员做志愿者，采取进组入户宣传等方式，扩大宣传覆盖面。固原市制作移风易俗年历画2万张、宣传彩页3万多份，在全市254个行政村发放。2019年上半年，海原县运用乡村文化广场、农民夜校等阵地，在19个乡镇开展移风易俗宣讲巡演活动。平罗县陶乐镇庙湖村红白理事会重视阵地建设，设置移风易俗宣传一条街，让村民在潜移默化中受到教育。彭阳县组织移风易俗模范户、民风建设示范户走进道德讲堂等方式，用群众身边鲜活的事例教育引导群众。

（三）突出重点，开展培训

开展"加强年"活动有一项重要工作，就是要抓好培训。各县（市、区）以村镇干部和理事会干部为重点对象举办培训，学习了解中央、自治区和市、县（区）四级有关推动移风易俗的基本要求，熟悉红白理事会职责，以及婚事新办、丧事简办等事项，提高红白理事会服务群众的能力。截至2019年6月，吴忠市由市民政局牵头，各县（市、区）文明办、民政局配合，已举办红白理事会培训累计510期，培训人数24200多人。彭阳县以"推动移风易俗、树立文明乡风"为主题，请专家学者对600多名各村镇干部、工作人员、村"红白理事会"会长、副会长等进行系统培训。

（四）选树典型，发挥示范引领

各地在"加强年"活动中，结合评选第七届全国道德模范、第六届自治区道德模范和第四届"宁夏好人"，选树并表彰一批婚事新办、丧事简办、厚养薄葬等方面的先进典型。石嘴山市在评选表彰"文明家庭"等基础上，选树并表彰先进"红白理事会"和"移风易俗模范户"20个。吴忠市出台《推进移风易俗助力乡村振兴激励办法（试行）》，对移风易俗先进典型给予政策扶持。两年来，西吉县评选出"移风易俗示范户""最美乡村人物"等1500多人，发挥了榜样引领作用。

（五）注重建设，做好服务

推动移风易俗就要重视红白理事会自身建设。各地加强党对红白理事会工作的领导，确保其发挥"宣传、引导、服务、管理"的作用。银川市在红白理事会建设中，针对其工作特点，完善对红白事"一摸排、二报备、三参与、四审核、五评议、六公示"的办理流程。惠农区红果子镇在120多个行政村推行"333工作法"：依托"三书"（移风易俗倡议书、承诺书、函告书），做实"三表"（婚事白事登记表、报告表、协办表），协调"三方"（宣传、民政、乡镇），实现有人理事、按章办事。吴忠市将红白理事会工作纳入村监会，有效发挥村监会的督导作用。中卫市在各村居设立"婚嫁日记"，做到婚丧嫁娶事项必记、入户宣传引导必记、群众反映意见及办理结果必记，收到了良好的效果。

三、宁夏在移风易俗工作中需要克服的问题

虽然宁夏开展"红白理事会工作加强年"活动取得阶段性成效，但从整体情况看，一些村红白理事会发挥的作用还不明显，移风易俗工作与中央和自治区的要求及群众的期盼还有一定差距。主要表现在以下四个方面。

（一）有些地方重视程度不够

各地虽然实现行政村"一约一会"全覆盖，但一些地方工作机制尚不完善，多数县区没有建立移风易俗工作联席会议制度，宣传部门、民政部门及群团组织推动的合力尚未真正形成。有的村"两委"对红白理事会工作指导

不到位。我们在贺兰县习岗镇和平村调研看到，村移风易俗工作台账不完善，红白事没有登记，村规民约没有上墙。平罗县红崖子乡红白理事会制度中，有关条文出现照抄照搬的现象。

（二）对红白理事会成员培训还不够

许多县区举办的红白理事会骨干培训，多数仅限于村镇干部和理事会会长参训。乡镇一级履职尽责不够。银川市各县区所辖乡镇对行政村理事会全员培训次数较少，效果不明显。我们调阅的材料显示，金凤区一些村干部和理事会骨干参加移风易俗专题培训少，工作有畏难情绪，村民办红白事时理事会提前介入不够。

（三）宣传教育引导工作还不够深入

各地在"加强年"活动中，尽管组织了不少宣讲、文艺演出、先进评选等活动，普遍推行"进组入户"宣传，但许多宣传活动局限公共场合，针对性和有效性还不强。我们在灵武市郝家桥镇崔渠口村、中宁县太阳梁乡德胜村调研时了解到，村民中约有20%~30%在县城买了房子，土地流转后，多数村民在外打工，平时村里很少见到这部分人，成为移风易俗宣传的"遗漏群体"。据有关统计数据显示，金凤区在2019年8月份的一次问卷调查中，移民新村中36.7%的群众不知道红白理事会会长是谁。

（四）基础性工作还不够扎实

从实地调研和反馈情况看，各地推进移风易俗的一些基础性工作还有不同程度的缺失，缺乏必要的配套措施。一些行政村红白理事会有组织，但缺办法。2019年以来，红寺堡区新集乡白墩村登记红事2次，白事无备案；灵武市崇兴镇陈碱滩村登记红事2次，白事1次。仅从数字来看，这些村红白事报备登记均有遗漏的现象。此外，同心县、海原县一些村镇红白理事会作用发挥得不够，宣传引导不力，村民还有攀比心理，个别农户的彩礼超过20万。中宁大战场、喊叫水、徐套乡等乡镇的彩礼仍在12万到15万左右。

在接下来的移风易俗工作中，宁夏将以习近平新时代中国特色社会主义思想为引领，紧扣脱贫致富和实施乡村振兴战略，以县域为主体，突出抓好

"四个引导",整体推进移风易俗。目前,全区已实现行政村"一会一约"全覆盖,乡村高价彩礼和婚丧喜庆的大操大办得到有效遏制。

一、把握地方特点,强化宣传引导,夯实移风易俗的思想基础

(一)紧扣民族地区特点

"十里不同风,百里不同俗",推进乡风文明建设,要与当地经济社会发展水平和文化传统相适应,充分尊重当地习俗,充分考虑群众习惯和接受程度,不搞强迫命令,不搞"一刀切"。宁夏以宣传教育开路,编写印发《移风易俗宣传教育提纲》等,以乡镇为基本单元,以各村农民夜校等为阵地,组织3~5个宣讲分队,向乡村群众讲清高价彩礼和婚丧喜庆大操大办的危害,描述用自己勤劳的双手致富奔小康的美好前景,让乡村群众了解"为什么"、明白"怎么做",不断提升思想觉悟,并将其转化为破陋习树新风的自觉行动。

(二)做好顶层设计工作

出台《关于开展推动移风易俗树立文明乡风的指导意见(试行)》,对加强宣传引导、完善"一会一约"、发挥重点对象作用、建立第三方调查评估和考核机制等作出明确规定。专门召开现场推进会,以宣传引导为重点,组织各地观摩学习、推广经验,发挥先行点辐射作用,为整体推进移风易俗工作探索出了道路。2019年4月,我区安排新时代文明实践中心建设试点工作,选择7个县(区)、20个乡镇共60多个村先行先试。

(三)压实宣传引导责任

紧紧围绕推动移风易俗这一主题,我们重视发挥好基层纪检、民政、教育、宗教、妇联等部门和组织的作用,压实县、乡、村三级宣传教育责任。两年多来,各地以"乡不漏村、村不漏组、组不漏户"为标准,采取媒体宣传、社会宣传、文艺宣传等多种方式,结合开展"三下乡"和"文化进万家"活动,持续给村民发放"移风易俗倡议书",在村镇组织专题演出25000多场次,指导10多个县(区)举办了集体婚礼,扩大宣传引导覆盖面,推动移风易俗工作广泛深入地开展。

二、健全"一会一约",做好服务引导,形成推动移风易俗的良好社会环境

(一)推进各村"一会一约"全覆盖

坚持把政府推动与群众参与结合起来,组织行政村召开村民代表大会,建立完善"红白理事会",修订村规民约,并采取督导检查、考核评估等方式,用大半年的时间,逐村推进,实现"一会一约"全覆盖。理事会均由村党组织书记或村主任担任会长。健全制度,主动介入村民的红白事,在服务群众的同时引导群众。2018年5月,针对有的村规民约内容笼统,没有画出彩礼、随礼等最低标准的约束性"红线",我们结合"过筛子"的任务,指导这些村对村规民约进行重新修订。目前,已有80%以上的村规民约明确了结婚彩礼不超过5万、随礼不超过200元的指导标准。

(二)坚持在服务管理中加强引导

村红白理事会履行"宣传、引导、服务、管理"职能,组织村民家庭签订承诺书,及时发现、提醒和劝阻一些苗头性问题。石嘴山市惠农区探索出红白理事会"333工作法":依托"三书"(移风易俗倡议书、承诺书、函告书),做实"三表"(婚事白事登记表、报告表、协办表),协调"三方"(宣传、民政、乡镇)等,主动做好服务引导工作。至2018年年底,县乡村三级共举办培训班1470多场次,提升了他们宣传群众、服务群众、引导群众的素质和能力。

(三)发挥好先进典型的带动作用

推进移风易俗行动展开一段时间后,为树立典型、推动工作,2018年8月,我区召开精神文明建设工作表彰大会,表彰移风易俗先进县(区)5个、先进村镇20个、先进红白理事会30个、移风易俗模范户50个,引起基层广泛关注,激发了各村镇创先争优的热情。西吉县震湖乡蒙集村等一批县级以上文明村镇,相继开展移风易俗示范户评选活动,用榜样的力量带动身边群众参与到移风易俗活动中来。

三、聚焦主要矛盾，实施入户引导，持续深入推动移风易俗进村组进家庭

（一）持续实施进村入户行动

2017年8月，自治区文明办在乡村暗访抽查时注意到，有些地方移风易俗宣传"下沉"不够，据当年抽样调查，群众对这项工作知晓率仅有50.8%，还有将近一半的村民不知道。对此，我们采取逐村推进的方法，推动移风易俗宣传进村入户。其间，由各县（市、区）文明办牵头，以走访农户为目标，用5个月时间，组织10000名村镇干部和志愿者进村入户，把移风易俗倡议书、年历画等贴到农户的家里，把相关政策在农户的田间炕头宣讲，在乡村引起积极反响。

（二）创新宣传引导的方式

宁夏每年举办推动移风易俗主题"微电影"征集活动，把征集的《无"礼"的幸福》《还要过日子》等一批优秀短片，推荐给各级电视台展播。2018年5月，组织驻宁中央媒体和县级以上媒体开展"移风易俗乡村行"主题采访活动，刊发稿件125篇。委托宁红演艺集团到8个贫困县（区）开展专题文艺巡演。固原市围绕做好移风易俗主题宣传，组织与贫困村结对的160多家县级以上文明单位，帮助每个村绘制10多面文化墙，为农民群众所喜闻乐见。

（三）多项举措提升群众的知晓率

2019年8月以来，宁夏聚焦移风易俗行动，在推动进村入户宣传的同时，又推动制定县（区）文明委成员单位包村宣传制度，与乡村精神文明建设工作考核挂钩。广泛开展村"红白理事会工作加强年"活动，通过培训，强化理事会引导功能，把服务引导做到每家每户。通过对88个村的调查显示，2018年度，各村委会设立移风易俗宣传栏占68.9%，组织村民签订移风易俗承诺书占78.9%，乡村群众对推动移风易俗工作的满意率比上年提升13.8%。

四、完善制度措施，强化政策引导，扎实推动移风易俗工作取得积极成效

推动各地出台相关约束性规定。2017年年初，宁夏推动移风易俗工作启动后，各市、县（区）党委、纪检机关抓住党员干部这个重点，普遍出台《关于规范党员领导干部操办婚丧喜庆事宜的暂行规定》等，制定和完善党员干部操办婚丧事宜报告制度，搭起了违规处罚的"高压线"，引导党员干部和公职人员带头除陋习树新风。各地还通过道德模范等先进典型做示范、文明村镇带头等方式，影响和带动广大群众积极投身到乡风文明建设中来。

（一）充分发挥党员干部的带头作用

宁夏各地在抓党风带政风促民风的同时，坚持以党员干部为重点，在推动移风易俗工作中带头讲给农民听、做给群众看。由于党员干部带头做表率，现在，乡村群众婚事新办、喜事廉办、丧事简办、小事不办已逐渐成风气。2018年，移风易俗情况综合调查显示，乡村群众对党员干部示范作用的满意率为59.3%，比2017年提高了4.7%。

（二）重视完善移风易俗的配套措施

推动移风易俗，实际上做的是群众工作，要把解决思想问题与解决实际问题相结合。中卫市把推动移风易俗纳入民风建设体系，并出台奖励扶持政策，对获得市级以上移风易俗示范户的，一次性奖励2000元，并给予关爱礼遇。彭阳县发挥政策杠杆作用，对评选表彰的县级移风易俗示范户，在现金奖励基础上，给予5万元以内贷款无担保、无抵押、财政全额贴息两年的优惠政策，对群众起到正向的激励作用。

按照中央部署，就紧紧围绕《关于进一步推进移风易俗，建设文明乡风的指导意见（试行）》和宁夏《关于进一步推进移风易俗建设文明乡风的实施意见》要求。以移风易俗推动社会主义核心价值观落地生根，是实施脱贫攻坚战略的现实需要，是深化乡村振兴战略的重要途径，对于加强新形势下乡村精神文明建设、推进乡村社会治理具有重要意义。为深入贯彻落实中宣部、中央文明办"推动移风易俗树立文明乡风"电视电话会议精神和自治区党委政府要求，有效遏制一些地方存在的天价彩礼、婚丧喜庆大操大办等不良习俗，进一步提升乡村精神文明建设水平，继续建设经济繁荣、民族团结、环境优美、人民富裕的美丽新宁夏，现就推动移风易俗，树立文明乡风提出了指导意见。

一、推动移风易俗树立文明乡风的指导思想、基本原则和总体目标

（一）推动移风易俗树立文明乡风的指导思想

高举习近平新时代中国特色社会主义思想，全面贯彻党的十九大精神，深入贯彻新发展理念，贯彻落实自治区党委十二届八次、九次、十次、十一次、十二次全会精神，牢固树立和贯彻落实新发展理念，以培育和践行社会主义核心价值观为根本，把反对天价彩礼、婚丧喜庆大操大办等陋习作为乡村精神文明建设的重要内容，把推动移风易俗与全面从严治党结合起来、与打赢脱贫攻坚战结合起来、与深化美丽乡村建设结合起来、与社会综合治理结合起来，推进专项治理，破除陈规陋习，树立新风正气，切实减轻人情消费负担，提升农民素质和乡村社会文明程度，让乡风民风美起来，树立社会主义新风正气，进一步推进开放富裕、和谐美丽的宁夏建设。

（二）推动移风易俗树立文明乡风要坚持以下原则

坚持价值引领、破立结合，按照社会主义核心价值观要求，推动移风易俗树立文明乡风，倡导婚丧事简办、其他喜庆事不办的文明新风尚；坚持党员示范、干部带头，把党员干部带头破陋习、树新风落实到实际行动上，影响和带动群众追求文明健康的生活方式，增强农民群众的认同感和获得感；坚持因地制宜、分类指导，结合不同地区实际，既继承传统又转化创新，使民间习俗与时代精神相契合、相适应；坚持问题导向、注重实效，抓住移风易俗的重点，哪个方面问题突出就解决哪个方面的问题，综合施策，遏制陈规陋习蔓延势头；坚持统筹协调、形成合力，把政府推动与群众自治结合起

来，把教育引导与典型示范结合起来，标本兼治，推动形成良好的乡风民风。

（三）推动移风易俗树立文明乡风的总体目标

以县域统筹推进为重点，到2017年年底，县级及县级以上文明村镇全部建立"一会"（红白理事会）、形成"一约"（婚丧喜庆村规民约），发挥示范作用；到2018年年底，所有行政村普遍建立红白理事会、完善村规民约，做到有人管事、有章理事、规范办事，结婚彩礼、婚丧喜庆费用等明显下降，乡村陈规陋习蔓延势头得到有效遏制；到2020年，实现乡村移风易俗工作与全面建成小康社会协调发展，婚事新办、丧事简办、文明理事的社会风尚基本形成。

二、深化宣传教育工作，营造推动移风易俗，树立文明乡风的浓厚氛围

（一）面向社会广泛深入地开展移风易俗主题宣传活动

以市、县（区）为主导，以村镇（社区）为重点，采用多种形式，大力开展移风易俗宣传教育。自治区党委宣传部、文明办印发《推动移风易俗树立文明乡风宣传教育提纲》，加强对移风易俗宣传教育工作的指导。要以"除陋习、树新风"为主题，深化理想信念教育，开展文明新风教育，加强科学知识普及和法治教育，引导人们崇尚科学、破除陋习、遵纪守法，树立"节约光荣、浪费可耻"的观念。要以党员干部、广大家长和青少年为重点对象，讲清陈规陋习蔓延的危害，讲清脱贫致富奔小康的美好前景，通过典型案例教育，增强农民群众参与移风易俗的自觉性、坚定性。回族聚居地区移风易俗宣传教育应重视发挥宗教界人士的积极作用。要丰富宣传教育载体，通过发放移风易俗倡议书、设立宣传栏、组织专题宣讲等形式，确保宣传教育村不漏组、组不漏户，扩大覆盖面和影响力。

（二）加大推动移风易俗树立文明乡风新闻宣传和舆论引导力度

要加强正面宣传、加强舆论引导，充分发挥报刊、广播、电视、网络等媒体的传播优势，开设"推动移风易俗　树立文明乡风"专题专栏，报道各地推动移风易俗的经验做法，曝光一批婚丧喜庆大操大办等反面例子，增进

人们对推动移风易俗的认知认同。要进一步强化舆论监督,旗帜鲜明地反对天价彩礼、婚丧喜庆大操大办、封建迷信等陈规陋习。要创新宣传教育方式,运用全媒体多样化传播形式,吸引人们参与互动,促进交流和提高。要加大移风易俗公益广告刊播力度,拿出重要版面和时段,形象生动地传播社会主流价值。

(三)注重发挥文化环境对人们转变观念、抵制陋习的熏陶作用

要加大优秀文化产品供给和服务,推出一批反映移风易俗内容的通俗读物,创排一批体现移风易俗主题的文艺节目,拍摄一批展示移风易俗新风的微电影等,引导人们培养良好道德情操,养成好的行为习惯。要发挥文化科技卫生"三下乡""文化进万家""我们的节日"等品牌活动带动作用,组织开展广场舞、"邻里节"、书画摄影、劳动技能比赛等,发挥民间文艺社团作用,演身边人、说身边事,实现农民群众自我教育、自我提高。要传承发展健康的乡村文化习俗,用好村规民约、家风家训等乡风教化资源,运用民间小戏等形式,加强对乡村天价彩礼婚丧喜庆大操大办等习俗的引导,用文化涵养乡风文明。

三、实现村居红白理事会全覆盖,发挥群众组织推动移风易俗树立文明乡风的积极作用

(一)推动和建立全覆盖的村居红白理事会群众组织

在各级党委政府统一领导下,县乡应普遍建立移风易俗工作领导小组,并对党员干部参加和操办婚丧喜庆事宜作出明确规定。要加快建立红白理事会组织机构,坚持把政府推动与村民自治结合起来,在村"两委"积极推动下,发挥红白理事会在刹歪风、正民风方面的作用。村居红白理事会成员应由党员、村民代表选举,吸收老党员、老干部、老教师和新乡贤参加。红白理事会会长,可由村党支部书记或村委会主任兼任。红白理事会的工作接受村监会的监督。回族群众聚居的地方,要重视发挥宗教界人士在红白理事会中的作用。要制定红白理事会章程,明确组织形式、工作范围、操办事务等,

做到易记易行。要规范红白事宜办理流程，明确理事会掌握信息、主动介入、填表备案、事主签字确认等路径，务求简便有效。红白理事会成员名单、章程、红白事宜办理流程，应在村居张榜公布，接受社会监督。

（二）充分发挥红白理事会引导群众、服务群众的作用

各地要加强对红白理事会的工作指导，提高其政策把握能力和服务水平。红白理事会要以"宣传、引导、监督、服务"为基本职责，按章理事、主动作为，在破除不文明的婚丧习俗中发挥重要作用。要探索制定"婚丧事简办承诺书"制度，组织村民签订，增强道德约束力，实现自我管理、自我监督。理事会对不良倾向和苗头性问题要早发现、早提醒、早制止。要坚持公开公正公平的原则，在村居设立移风易俗事务公示栏，及时公示红白事办理情况。

（三）关心和支持村居红白理事会履行职责

县（区）民政局、宣传部等部门要密切配合，加强对红白理事会的业务指导，用两年左右时间，完成对村居红白理事会会长、秘书长的轮训，提高其服务能力。县级财政部门应把红白理事会的工作经费纳入预算，每年适当对红白理事会人员给予一定的补贴，确保红白理事会在乡村地区叫得响、立得住、起作用。

四、修订村规民约，引导村民遵守，有效遏制天价彩礼、婚丧喜庆大操大办等陋习蔓延

（一）发动村民共同参与制定婚丧喜庆公约，并纳入村规民约

村居要按照县乡党委政府要求，参照县乡划定的结婚彩礼、婚丧喜庆事宜等相关标准，召开党员和村民代表会议，依据当地经济社会发展和农民收入情况，共同商讨结婚彩礼、红白宴席、操办规模和随礼标准等，形成"婚丧喜庆公约"，以村规民约的形式公告乡邻，引导村民遵守。婚丧喜庆公约要注重引导，柔性制定，充分尊重和听取群众意见。要用村规民约填补制度的漏洞，发挥其在社会治理中的积极作用，使之对陈规陋习具有刚性约束。村规民约画定

的"红线",不得高于县乡划定的婚丧喜庆事宜操办费用标准和随礼标准。

(二)大力倡导婚事新办,引导广大家长和青年做抵制天价彩礼、奢侈婚礼的践行者和推动者。

贯彻落实国家卫生健康委员会、民政部等《关于"十三五"期间深入推进婚育新风进万家活动的意见》,以村规民约为引领,倡导婚事新办,旗帜鲜明地反对大操大办、炫富攀比和借婚姻索取财物等行为,崇尚和追求文明健康的生活方式,促进家庭幸福。要引导群众转变观念,鼓励女方家长少要或不要彩礼,以"家庭和美、自创家业"为荣,提倡树立婚俗新风。要引导广大青年树立新型婚恋观,在村居推行集体婚礼、旅行婚礼等,把精力和资金投入到发展家庭经济上,让婚事充分体现传统文化、家风传承和感恩教育。

(三)倡导喜庆事宜简办或不办,减轻农民群众人情消费的负担

大力倡导乔迁、庆生、祝寿、就业、升学、参军等喜庆事宜简办或不办,反对铺张浪费、相互攀比,引导农民群众树立科学合理的消费观念。

(四)倡导丧事简办,树立厚养薄葬观念,弘扬孝老敬老传统美德

贯彻落实中办国办《关于党员干部带头推动殡葬改革的意见》,破除丧葬陋俗,反对利用丧事活动大操大办、盲目攀比的行为,树立节俭办丧事的新风尚,以好的党风带社风促民风。要发挥村规民约的约束作用,倡导厚养薄葬理念,红白理事会要主动协助事主简化丧葬程序、控制规模、节省丧葬支出,反对大摆宴席,反对封建迷信,让白事充分体现对逝者的追思、对生命的尊重。要把提倡厚养薄葬与弘扬孝老养老的传统美德结合起来,定养老事、签养老状、贴养老榜,让老年人老有所养、老有所依。

(五)强化公共政策和道德价值导向,建立遏制高价彩礼、婚丧喜庆大操大办等陋习的奖惩机制

各地各有关部门出台的政策制度,要与扶贫攻坚和强农惠农政策的落实有机结合,应当体现移风易俗要求,有助于推动移风易俗;积极推动相关工作立法,确保治理陈规陋习有法可依。要对推动移风易俗工作作出制度性安排,与落实涉农惠农政策结合起来,与加强乡村精神文明建设结合起来,评

选命名一批文明村镇、文明家庭等,持续推进"寻找最美家庭"、评选"好公婆、好儿媳"等活动,评选并表彰一批移风易俗先进单位、先进村居、先进红白理事会和先进个人。要做到奖惩并举,凡事主不遵守规定的,村干部和理事会不派人参加;凡严重违反规定的,农户不得参加文明家庭等评选活动,乡村居民不得参加先进评选。

五、突出重点人群,充分发挥广大党员干部等在推动移风易俗中的示范带动作用

广大党员干部、公职人员要在推动移风易俗方面走在前面、做好表率。推动移风易俗树立文明乡风,党员干部要发挥带头作用,加强党性锻炼,提高道德修养,明大德、守公德、严私德,敢于抵制不良风气,反对铺张浪费,从不必要的人情中解放出来。

第二节　创建文明家庭活动

家庭是社会的基本细胞,家庭建设是国家和社会建设的基础工程。文明家庭创建,是社会的根本,是子孙后代的未来,对于深入推进社会主义核心价值观建设,营造良好社会风气,推动国家发展、民族进步、社会和谐具有重要意义。2016年12月12日,习近平总书记在接见第一届全国文明家庭代表时讲道:"无论过去、现在还是将来,绝大多数人都生活在家庭之中。我们要重视家庭文明建设,努力使千千万万个家庭成为国家发展、民族进步、社会和谐的重要基点,成为人们梦想起航的地方。……家庭是社会的细胞。家庭和睦则社会安定,家庭幸福则社会祥和,家庭文明则社会文明。历史和现实告诉我们,家庭的前途命运同国家和民族的前途命运紧密相连。我们要认识到,千家万户都好,国家才能好,民族才能好。国家富强,民族复兴,人民

幸福，不是抽象的，最终要体现在千千万万个家庭都幸福美满上，体现在亿万人民生活不断改善上。"

多年来，宁夏各地十分重视发挥先进典型对践行社会主义核心价值观、弘扬时代新风尚的示范引领作用，实施"德耀宁夏"行动，广泛开展道德模范、"宁夏好人"、最美人物、文明家庭等先进典型评选表彰活动，连续14年评选"感动宁夏人物"，连续3年评选"百孝之星"，推出了一大批群众身边的道德模范。2018年，在"自治区60年感动宁夏人物"评选活动中。短短几天，参与投票的网友接近30万人，留言22000余条："感动宁夏，感动你我""壮阔的时代，感人的故事，必将点亮下一代心灵的天空"……投票活动也再一次唤起人们对模范人物的深深敬仰，再一次汇聚了感动人心的磅礴力量。

为更好地弘扬时代精神，激励人们见贤思齐，让向上向善的信念在每一个人心中激荡，宁夏树立"德者有得、好人好报"的价值导向，制定《宁夏回族自治区礼遇帮扶道德模范实施办法（试行）》，明确4项礼遇方式、6项帮扶方式，建立完善礼遇帮扶道德模范常态长效机制，形成我区道德建设"群星灿烂"与"七星共明"的道德群体大格局。

宁夏持续同步推进城乡精神文明建设，厚植道德沃土，如今，文明之花已盛开在宁夏大地，浸润在人们心田，广大群众的幸福感与日俱增，更为全区经济社会发展积蓄了强大的精神动力，并将释放出更加强劲的发展势头。2015年6月，宁夏有6人入选"中国好人榜"，4人荣登中国文明网《好人365》专栏封面；2014年，全国乡村精神文明建设工作经验交流会上，宁夏乡村精神文明建设"五个紧密结合"的做法受到中宣部和中央文明办的肯定，被总结上升为"宁夏做法"，向全国推广；深入开展"雷锋进社区""雷锋进乡村""雷锋进学校"等学雷锋志愿服务活动，用雷锋精神引领社会风尚……

党的十八大以来，宁夏认真贯彻落实习近平新时代中国特色社会主义思想，按照自治区党委的部署和中宣部的要求，以培育和践行社会主义核心价值观为根本，着力加强思想道德建设，深化文明城市、文明村镇、文明单位、文明家庭、文明校园"五大创建"活动，推动公民思想道德素质和社会文明程度不断提升,为建设美丽新宁夏提供了精神动力和道德滋养。"富强、民主、文明、和谐,自由、平等、公正、法治,爱国、敬业、诚信、友善",在社区、乡镇、学校随处可见一条条弘扬社会主义核心价值观的宣传标语。多年来,宁夏持续推进社会主义核心价值观建设,通过开展"图说我们的价值观"公益广告宣传、社会主义核心价值观"六进"等活动,让社会主义核心价值观走进千家万户、浸润百姓身心。为了把社会主义核心价值观"种"进群众心里,各地建设了多个民风墙、文化墙、主题广场、文化公园,在潜移默化中提升群众道德素质。

党的十八大以来,宁夏回族自治区党委、政府高度重视文明创建活动,以乡风文明建设为主题,以民风建设为抓手,组织实施了"塞上农民新居""优美环境、洁净城乡"综合整治、美丽乡村建设等工程,进一步改善乡村生产生活环境,让干净、整洁、美丽、有序成为宁夏乡村居民幸福生活的元素。

家风好,则民风淳。在推进文明家庭创建工作中,我区在各地广泛开展好婆婆好儿媳、最美家庭、百孝之星等评选活动,激发居民争模范、赶先进的热情,促进了全区文明新风尚的形成。2016年12月,在第一届全国文明家庭表彰大会上,我区有5个家庭获全国文明家庭称号。"谭淑章几十年如一日,悉心照顾身患脑萎缩、帕

固原市泾源县黄花庙湾村尊老爱幼文化墙

固原市泾源县大湾乡杨岭村文化墙

金森病的丈夫和三个没有血缘关系的孩子，她用无私的爱演绎了一段超越血缘的人间真情。她是我们学习的榜样！"得知谭淑章的事迹后，银川市民吴庆华深有感触地说。引导群众树立文明意识，让社会主义核心价值观真正内化为人们的价值观念，外化为人们的日常行为。各级组织利用在身边寻找敬老孝亲、邻里和睦的典型模范，发挥身边典型的引领作用，让大家看到家庭美德的力量，感悟到家庭美德的内涵，从而引导群众主动成为文明家风家训的传播者和践行者，成为文明家庭的受益者，从而成为乡风文明文明的参与者和美好生活的创造者。

　　为激发广大群众参与家庭创建的热情，2015年宁夏制定印发了《自治区"宁夏好人"等先进典型评选办法（试行）》，指导各地设立"最美人物"发布厅，定期遴选发布"最美人物"。同时，广泛开展道德模范、"身边好人"和"中国好人榜"推选工作，汇聚和提炼时代美德，以强大的道义力量推动社会文明进步。六盘山国家级自然保护区护林员蒙旺平，20多年来始终坚守在护林第一线，制止偷猎、盗伐等不法行为，捍卫着六盘山林区的一草一木；永宁县胜利乡杨显村三队村民杨林，起早贪黑、辛勤劳作，最终把父亲生前欠的19.7万元外债全部还清；平罗县马金兰，悉心照顾年迈的婆婆和患有精神疾病的丈夫，用执着和善良诠释了中华民族孝老爱亲的传统美德……宁夏红十字会造血干细胞志愿者服务队自成立以来，已为多名患者成功捐献了造血干细胞，志愿者们用大爱延续了生命的希望；两年前，家住银川市金凤区黄河东路街道办新苑社区的马春秀突感不适，在社区微信平台上发出求助信息，不一会儿，志愿者刘芳带着药到马春秀家中；吴忠市利通区金星镇裕西社区的"王兰花热心小组"主动为居民解矛盾、调纠纷，并打造"583秀玲工作室""张建英调解室"等特色服务品牌……他们用一言一行诠释着"奉献、友爱、互助、进步"的志愿精神，在全区上下形成了"我为人人、人人为我"的良好风尚。

　　为推动志愿活动顺利开展，宁夏印发《关于在城乡社区开展"邻里守望"志愿服务活动的意见》。2019年7月17日，经自治区人大常委会第十三次会议修订通过，并于当年9月1日起施行《宁夏回族自治区志愿服务条例》。同时，扎实推进学雷锋志愿服务制度化、常态化。银川市把志愿服务工作纳入智慧城市、智慧社区管理体系中，并将每月的20日定为"全民公益日"；吴忠市招募志愿者组建禁毒服务队，教育引导群众增强禁毒防毒意识；石嘴山市成立志愿者培训学院，专门培养有技能的专业化志愿者队伍；中卫市通过志愿服务"一社区一品牌"、志愿服务宣传街，形成志愿者"受尊重、有好报"的社会共识；固原市着力打造"艺术教室""爱心包裹"等品牌救助项目，帮助更多寒门学子圆梦。

2020年年初，席卷全球的新冠肺炎疫情突如其来，在重大公共疫情面前，出现了一幕幕感人至深的场景，其中以家庭为单位的抗疫团队尤其令人瞩目。在宁夏吴忠市利通区疫情防控一线，一个个以家庭团队出现的志愿者众志成城，奋勇向前，有许多"父子兵""夫妻档""姐弟档"，他们相互配合、鼓励，组成了战"疫"前线一道暖心的风景，筑牢了疫情防控的家庭"堡垒"。

马学宝是利通区马莲渠乡廖桥村二组组长。自疫情防控工作开展以来，他总是跑前跑后，白天参与疫情防控宣传、往来车辆人员信息登记、体温监测，晚上协助村里封闭小巷道。马学宝的儿子马立文也参与疫情防控工作，坚守在执勤岗位上，没有一天懈怠。"年轻人这个时候就应该挺在前面，在困难中锻炼自己，我的父亲是这样告诉我的。"马学宝对儿子谆谆教诲，让好家风代代相传。

"宁夏好人"刘淑兰带着女儿也投入了这场"战斗"。"在电视中看到疫情报道后，我把当疫情防控志愿者的想法告诉了女儿，得到了她的支持，我们娘俩便在第一时间报名参加了王兰花阿姨组织的疫情防控志愿者服务队。"刘淑兰一直坚守在金星镇裕西小区南门卡点，义务担当"守门员"。

板桥乡板桥村党支部书记张明才，坚守疫情防控一线，值班站岗，测体温，做登记等。同样身为党员的女儿张媛，紧跟父亲的脚步，在工作岗位上24小时待命，守好中枢传达、后勤保障的"关口"。一家人携手冲锋在疫情防控最前线。

其实，不仅仅是在吴忠市，疫情防控期间，宁夏各地到处都传唱着这样动人的故事，在这场全民参与、阻击疫情的战斗中，一个个默默付出的文明家庭，以优良家风感染着每个人，筑起了抗击疫情的磅礴伟力，让良好家风成为中华文明不竭的精神财富。

第三节 培育发展乡贤文化

  自古以来，中国乡土社会以宗法群体为本位，人与人之间的关系是以亲属关系为主轴的网络关系，是一种差序性格局。在差序性格局下，每个人都以自己为中心结成网络，并自觉遵守这一格局运行的相关礼法和习俗，整个乡村运行和谐有序。然而，自我国实行改革开放以来，随着市场经济和城乡一体化的逐步推进，乡村物质文明在不断丰盈的同时，导致了乡村精神文明的畸形发展，原有的乡村和谐正在不断消失。乡村教育凋敝，礼俗秩序崩塌。而乡贤回归和乡贤文化的发展有助于扭转这种局面。

  乡贤文化根植乡土、贴近性强，蕴含着见贤思齐、崇德向善的力量。乡贤文化作为一种亲善性、人本性的先进文化，具有教化乡民，引导乡民，能够被乡民更好地认同并自觉内化的价值。弘扬乡贤文化的耕读精神，引导农民努力学习科学文化，营造学习型乡村共同体；发挥乡贤文化的教化功能，引导农民见贤思齐、崇德向善，自觉遵守相关礼法，重塑乡村的伦理共识；以优秀乡贤文化涵养乡村文化，最终实现培育文明乡风的目标。中国农民生活水平的提高根本上取决于农民实际收入的增加，表现为农民日益增长的物质文化需求得到不断的满足。

  乡村是中华文明的根。五千多年中华文化的基本载体就是乡村，中国传统乡村在社会结构上，讲究自下而上、乡贤带动；经济上是自然合理，自给自足；文化传统上，讲究和谐共生、自内而外。自治、自生、自然、自律，构成了中国传统乡村的特点。农耕文明时代，中国乡村以自然为中心，是低效循环且平衡的一种状态；工业文明时代，中国乡村以物质为中心，是规模经济形式，是一种充满竞争、高效却失衡的状态；生态文明时代，中国乡村以文化为中心，是城乡再次融为一体、满足个性化需求、高效且又平衡的状态。

生态文明社会的到来、乡村振兴战略的提出预示着乡村崛起的机会，以文化为中心的生态文明是乡村振兴的最大背景，而乡贤文化是扎根于中国传统乡村社会的一种文化现象，它是以乡愁为基因、以乡情为纽带、以乡贤为楷模、以乡村为空间，以实现乡村经济发展、社会稳定、村民安居乐业为目标的一种文化形态。乡贤文化既具有中国优秀传统文化的特征，又呈现出自己相对独立性的一面，具有明显的地域性、人本性、亲善性和现实性的独特特征，是教化乡里、涵育乡风文明的重要精神力量。乡贤文化是乡贤主体所拥有的知识、信仰、艺术、道德、法律和风俗习惯的复合体，具有见贤思齐、崇德向善、诚信友爱等特点。

"三农"问题一直是党和国家瞩目的重点问题，直到乡村振兴战略的提出，我们国家找到了解决"三农"问题的途径，这个途径和方法，不仅从根本上有效解决了长期困扰我国社会高质量发展的痼疾，更为实现城乡统筹发展拓展了思路，给出了答案，描绘了愿景。而弘扬乡贤文化有利于农业生产力的提高，带动乡村精神风貌的改变，促进中国农民生活水平的提高。乡贤回归后，能够通过自身的影响力开展各种形式的教育活动，帮助农民解读国家乡村政策，让农民了解中国农业新政策，帮助农民接受新思想、新观念，带领农民走上农业现代化发展道路。

党的十一届三中全会以来，在加快推进城镇化建设的过程当中，越来越多的农村青壮年向大城市转移，进城务工。随着城镇人口的不断增加，城市原有的资源承载能力不足，从而引起城市内部交通、住房、医疗、教育、就业分配等十分紧张，各行各业竞争加剧。进城务工人员受户籍和自身文化素质的限制，在行业竞争中往往处于劣势，生存压力很大。即便在城市竞争中为争夺生产生活资源被挤压得气喘吁吁，他们也不愿返回乡村，因为返乡便意味着无能。而没有离开故土的农民尽管在国家强农惠农政策下收入有所增加,但与城镇居民收入相比,差距还很大。乡村劳动力、土地等资源廉价,再加上国家大力弘扬乡贤文化,有经济头脑的乡贤回村凭借自身的知识、管理经验、资本在乡村投资建农业加工厂,在获得利润的同时,客观上还能吸引城市青壮年劳动力回流乡村,青壮年劳动力在工厂务工的同时还可以兼顾土地耕作,保证农业增收,从而实现双份收入,生存压力减少。

回村后专注于乡村文化事业发展的贤达,依据本土文化底蕴,通过各种措施在乡村建图书馆,带动农民学习各种农业生产知识;在乡村建文化馆,定期播放村中好人好事,引导乡村居民崇德向善;在乡村建设文化广场,开展各种文艺会演,满足农民闲暇时间的精神需求等,从而真正提高农民的生活水平,实现乡村"生活宽裕"的目标。

2015年和2016年,中央一号文件两次将"乡贤文化"列入乡村思想道德建设中,指出:"创新乡贤文化,弘扬善行义举,以乡情乡愁为纽带吸引和凝聚各方人士支持家乡建设,传承乡村文明。"乡贤文化的精神底蕴不仅对社会主义核心价值观落地生根有重要意义,而且就社会价值而言,也有利于促进乡村治理现代化。

乡村治理现代化是我国国家治理体系、治理能力现代化在乡村得以实现的必然要求,在中国乡村精英大量涌向城市,乡村治理主体和手段多元化的背景下,破解乡村困局,最好的办法是利用新乡贤这一资源,因为新乡贤有成就,又都怀有浓浓的乡情,他们身上散发出来的道德力量可以教化乡民、反哺桑梓、泽被乡里,对凝聚人心、促进和谐、重构乡村文化大有裨益,在反哺乡村、助推乡村治理和精神文明建设中大有可为。乡贤回乡,能充分运用其在创业过程中的经验和智慧,更好地为新农村建设服务。

中国特色社会主义进入新时代,要实现中华民族的伟大复兴离不开农村的发展。新时代乡村振兴战略为我们描绘了一幅美好蓝图。乡村振兴战略中就提到乡村文化建设,乡贤文化作为乡村文化的重要组成部分,在促进乡村社会的发展方面起着重要作用。但新时代乡村发展也面临着很多现实问题。传统的乡土观念受到城市和外来文化的挑战,乡村发展不平衡不充分影响着农民对美好生活的追求。乡村人员的大量流出，导致乡村出现空心化，乡村发展后继乏力。乡贤文化自古传承到今天，它是连接人与故乡的纽带，因此，我们必须深挖传统乡贤文化的优秀理念和思想精髓，壮大新时代乡村建设主体的力量，推进新乡贤文化建设，实现乡村人才回流，破解乡村发展困局，助力乡村振兴，充分发挥出乡贤价值。2019年10月，党的十九届四中全会审议通过的《中共中央关于坚持和完善中国特色社会主义制度、推进国家治理体系和治理能力现代化若干重大问题的决定》中提到了"推进中华优秀传统文化传承发展工程"。2018年，习近平在中央乡村工作会议上谈及"创新乡村治理体系"和"推动乡风文明建设"时都强调了新乡贤的重要作用。2019年中央一号文件中提及要坚持农业乡村优先发展的总方针。可见，乡贤也能够成为农业增产增收、农民富裕幸福，乡村和谐稳定的一股中坚力量。

一、新乡贤在乡村治理中的主要作用

我国自古就有"为政以德"，今有"依法治国和以德治国相结合"。

乡村德治能更好地配合乡村法治，以润物细无声的方式使农民崇德向善、邻里和睦。习近平在2019年的中央乡村会议中再次强调要加强懂农业、爱乡村、爱农民的乡村工作队伍建设。新乡贤的出现能够弥补乡村基层组织的不足，秉承着"参政不干政、补台不拆台、帮忙不添乱、奉献不索取"的原则，发挥好他们在人民群众中的带头作用，为乡村人际交往添活力。俗话说，清官难断家务事，乡村治理中存在的问题仅靠基层组织干部难以全都解决，而新乡贤这个团体能够群策群力，传播符合社会主义核心价值观的行为规范，成为乡村治理的智囊团。乡村基层中农民间的矛盾层出不穷，常常会因利益之争而针锋相对。新乡贤一方面能够成为农民学习的榜样，给农民树立正确的价值观，引领农民的思想道德建设；一方面由新乡贤组成的乡贤会也是一个润滑剂，在解决基层矛盾的时候与基层党组织相辅相成。

在人类文化的长河中，乡村文化不可或缺。传统意义上的乡村文化具有乡土性、封闭性、相对静止性等特点。而新乡贤让乡邻如沐春风，在社会实践中，小至文化的传播，大至新时代冲击下文化的变革发展，新乡贤都在扮演一个重要的角色。乡风教化不同于乡村治理的其他方面，可以通过制度来约束，新乡贤弥补了这一不足，他们能够在文化故土上去改变、废除传统乡村文化中的劣根性和空洞性，引导、创建文明积极的乡村文化。

贫困问题在世界各国都普遍存在，尤其在乡村地区。中国乡村地区往往因为自然、社会、政策环境、制度等因素和农民个人因素导致了贫困。新乡贤的出现成为农村发展的一股强心剂。习近平在《摆脱贫困》一书中提及，千条万条，最根本的只有两条：一是党的领导；二是人民群众的力量。在国家精准扶贫政策和各方面社会保障制度的前提下，人民群众才能更好地拧成一股绳，心往一处使。众人拾柴火焰高，新乡贤就是人民群众中的一股力量，和衷共济，为中国乡村扶贫添砖加瓦，打好脱贫攻坚战。

乡村振兴战略中把乡村经济建设放在了首位，这就表明了其重要性。新乡贤来自社会的各行各业，由贤达乡邻、优秀企业家、返乡人士组成。新乡贤也注重乡村振兴战略中的文化建设，每年定期募集资金赞助社区的部分老年人外出旅游，丰富老年人的晚年生活。这就是所谓的"老吾老，以及人之老，幼吾幼，以及人之幼"。

宁夏乡贤文化源远流长，明清以来地方志书记载的宁夏乡贤文化比较丰富，体现的是中国传统文化里立德、立功、立言"三不朽"原则。以乡贤文化为纽带，在乡村治理过程中将发挥核心引领作用。乡贤文化的弘扬，与社会主义核心价值观是一体的。新乡贤在乡村振兴过程中，将扮演重要角色。新乡贤文化的培育，极具时代价值和现实意义。自宁夏回族自治区成立以来，乡贤文化在经济发展、社会治理，尤其是基层治理等方面，发挥了有效的不可替代的积极作用。但长期以来，由于缺乏对乡贤文化的挖掘整理，缺少完善合理的乡贤组织结构，缺少乡贤返乡的激励政策和优先发展措施，使得宁夏的乡贤文化在即将到来的乡村振兴战略中，难以发挥其应有的积极作用。

二、完善新乡贤文化建设的几点建议

（一）尽快建立完善合理的乡贤组织结构

首先，各村或社区必须成立乡贤理事会，明确乡贤会的组织构架，确定乡贤会的宗旨和原则，着重强调乡贤会"谋发展、促和谐、济贫困、正乡风"的重要作用。通过召开乡贤理事会大会，选举乡贤会理事长及主要的乡贤成员，制定乡贤会章程。其次，新乡贤分组分工订责任状，各尽其职。村干部因地制宜带头将乡贤会分为乡村德治、乡风教化、扶贫济困、综合发展等不同领域的几个小组，乡贤们根据自己的现有能力和资源对号入座，并推选出德高望重的组长负责本组工作的规划。再次，以乡贤理事会的名义成立一个乡贤基金会。基金会由新乡贤成员积极捐款，筹措资金。基金会的资金主要用于乡村公共基础设施建设、乡村生态文明建设、困难群众帮扶建设等。基金会的资金由乡贤会统一管理，与村级财政分开，保证账务公开透明，定期向基层党组织、人民群众公开资金流向。最后，乡贤会要确定符合村情的组织文化，通过人民群众喜闻乐见的形式宣传乡贤会的主要工作和重要意义，吸引更多的优秀人才返乡加入乡贤会组织，壮大新乡贤群体。

（二）尽快出台支持乡贤返乡的政策

各地要积极引导帮助筹建乡贤组织，乡贤会是一个自发性的民间组织，新乡贤投入家乡的新农村建设完全出于自愿，政府相关政策方面的支持较少。因此，各地政府应当从自身的实际情况出发，制定相应的政策——鼓励优秀人才返乡，支持贤达乡邻参与乡贤会的建设。让乡贤理事会在基层乡村治理中更加彰显出重要性。政府应当成为各村或者社区乡贤文化建设的助推器，给予乡贤会这一组织更多的保障，让热情参与乡村振兴建设的新乡贤吃下一颗"定心丸"。

（三）尽早形成新乡贤优先发展策略

第一，授人以鱼不如授人以渔。20世纪我们国家的总设计师邓小平曾提出：科学技术是第一生产力。新乡贤应当转变思维，利用自己的知识、技能或者人脉资源帮助村"两委"提高乡村现有劳动力的素质，培育新时代的新型职业农民。新型职业农民能有效缓解乡村地区耕地抛荒的现象，也能从根本上解决乡村留守家庭的问题。未来，新型职业农民将成为乡村经营主体，这一改变也将是促进农业发展、保障农民富裕、稳定乡村社会的里程碑式的转折点。第二，新乡贤招商引资，牵头引线，为乡村经济建设注入新鲜的血液。党的十九大提出，实施乡村振兴战略要按照产业兴旺、生态宜居、乡风文明、治理有效、生活富裕的总要求。新乡贤应该高瞻远瞩，为乡村带来新的投资项目，根据形势对村"两委"优先发展乡村第三产业，调整乡村地区现有的产业结构提出建议。因地制宜推进乡村旅游建设，一方面为乡村产业发展注入新的活力；一方面通过招商引资的契机改善乡村居住环境，加强基础公共设施建设，扩大知名度，吸引更多游客。新乡贤能够同步推进农产品供产销一体化，由农业生产技术人员组成的新乡贤带头发展乡村的第一产业，延长农产品的产业链，增加农业生产的附加值。

众所周知，实施乡村振兴战略任重而道远，不仅需要广大基层干部和农业工作者寻求乡村发展的途径，还需要更多的贤人志士秉持造福桑梓的情怀，为乡村治理出谋划策、为乡村振兴贡献力量。

在乡村振兴中发挥乡贤的积极作用，不仅可以推动乡村发展，更重要的是，乡贤能够引领村民见贤思齐、奋发进取，更能进一步带动其他在外的乡贤和青年才俊，投身乡村建设。

弘扬乡贤文化，有利于弥补乡村治理短板。当前，乡村治理环境日益复杂化，治理对象日益多元化，弘扬乡贤文化，发挥乡贤作用，是推动乡村有效治理的重要手段。一是有利于建立政府和群众之间联系的纽带。新乡贤具有较高的学历和文化素养，知识丰富，视野开阔，能够适应当前社会的发展，准确及时地表达村民意愿，能积极带领村民参与乡村事务的管理，激发村民参与乡村事务的积极性。二是有利于提升乡村公共事务决策的科学化水平。新乡贤大多见多识广、思维敏锐，对家乡的发展有着较高的热情，可以协助研究和解决相关领域的问题，为公共事务提供咨询服务，进一步提高决策的民主性和科学性。同时，他们善于用村民们能够接受的方式传递现代知识，让现代的法律和契约精神与传统的价值和伦理得以协调，让法治、德治能够在乡村融合发展。

弘扬乡贤文化有利于涵养乡风文明。乡贤文化是一个地域的精神文化标记，是连接故土、维系乡情、记住乡愁的精神纽带，是探寻文化血脉，弘扬固有传统文化的精神原动力。大力发挥乡贤文化的引领力，发挥新乡贤作为文化引领者的角色优势，有利于乡村文化的创造性转化和创新性发展，推动移风易俗，扭转乡村封建迷信风、赌博抹牌风、大操大办风、人情风等不良风气，全面塑造文明乡风。

党的十九大提出，"要坚持农业乡村优先发展，按照产业兴旺、生态宜居、乡风文明、治理有效、生活富裕的总要求，建立健全城乡融合发展体制机制和政策体系，加快推进农业乡村现代化"。挖掘、用好乡贤文化这一宝贵资源，发挥其在乡村振兴战略中的"参谋长"和"先锋队"作用，既能延续乡情乡愁，又能吸引在外乡贤反哺家乡，凝聚发展合力，共同传承乡村文明，推动乡村振兴。

第四节　实施文化惠民工程

基本公共文化服务体系由政府举办，立足于社会效益，为社会和人民提供非竞争性的公共产品和服务。公共文化服务资源要为全体社会成员共同拥有，每位公民都能公平享受到服务，就是满足全体公民的基本文化需求。基本公共文化服务体系坚持以政府为主导、鼓励社会力量积极参与，坚持城乡、区域文化协调发展，坚持把建设的重心放在基层和乡村，统筹规划、加大投入、因地制宜、分步实施，着力改善乡村和中西部地区公共文化服务网络，着力提高公共文化产品供给能力，着力解决人民群众最关心、最直接、最现

中卫市海原县西安镇小河村综合文化服务中心

实的基本文化权益问题，推动文化建设与经济建设、政治建设、社会建设协调发展。加强公共文化服务体系建设的目标任务是，按照结构合理、发展平衡、网络健全、运行有效、惠及全民的原则，以政府为主导，以公益性文化单位为骨干，鼓励全社会积极参与，努力建设公共文化产品生产供给、设施网络、资金人才技术保障、组织支撑和运行评估为基本框架覆盖全社会的公共文化服务体系，切实保障人民群众看电视、听广播、读书看报、参加大众文化活动等基本文化权益。

近年来，宁夏全面推进基层公共文化服务体系建设，大力实施文化扶贫工程。2016年全面启动文化扶贫工程贫困地区村综合文化服务中心建设；2017年3月开工建设，直至9月底全面完成贫困地区9县（区）606个村和555个功能提升村建设任务，宁夏率先在全国贫困地区实现了村综合文化服务中心全达标、全覆盖，打通了贫困村公共文化服务的"最后一公里"；606个村综合文化服务中心集宣传文化、党员教育、科学普及、普法教育、娱乐健身等功能于一体，成为宁夏乡村文化建设的重要阵地和提供公共服务的综合平台。宁夏也因此在公共文化服务体系标准化、均等化建设等方面都走在前列。

宁夏地区政府首先紧紧抓住贫困地区公共文化服务体系建设的经验特点，

坚持以人民为中心的工作导向，重心下移、面向基层、服务群众、精准对接群众文化服务；在前期的规划中，在每个乡镇选

中卫市海原县七营镇北咀村村文化服务中心开展活动（李佐珍／摄）

取一个自然交通和经济条件相对较好的村，作为村综合文化服务中心示范点，并且严格按照一个文化活动广场、一个文化活动室、一个简易戏台、一个宣传栏、一套文化器材、一套广播器材、一套体育设施器材等"七个一"标准进行建设。另外，在中央政府正确的政策引导和财力支持下，宁夏回族自治区党委、政府也高度重视贫困地区村综合文化服务中心建设，不仅将其纳入"十三五"规划重点项目、列入自治区政府10项民生实事，作为宣传思想文化工作"十大工程"高起点定位、高标准推进，配套资金6090万元，还明确了项目建设任务书、时间表、路线图，提出实现文化设施到村、文化服务到户、文化普及到人、文化扶贫到根的"四到"目标，进一步加大文化扶贫力度、着力夯实基层文化阵地。不仅为在全国率先实现贫困地区村综合文化服务中心全覆盖提供了有力保障，也为全国贫困地区文化脱贫工程提供了宝贵的宁夏经验。宁夏大力实施文化惠民工程，持续开展乡村电影放映、送戏下乡等活动，建立贫困县县域公共数字文化综合服务平台，建立贫困地区基层艺术团体基础数据库，培育挖掘乡土文化人才，推进乡村文化繁荣。建设贫困地区村综合文化服务中心是一场上下联动、协调有序、步调一致的文化扶贫"大合唱"。对标中宣部要求，宁夏从自治区到各市、县（区）、乡、村思想认识到位，执行坚决有力，统筹资金使用"多渠道来水，一个龙头出水"，严格执行"七个一"的标准，项目建设"统齐来抓，分开来做"，各级干部以踏石留印，抓铁有痕的工作作风，用"绣花"功夫打造精品工程。解决了宁夏长期想解决而没有解决的难题，办成了过去想办而没有办成的事，使宁夏在全国率先实现贫困地区村综合文化服务中心全覆盖，使基层公共文化服务标准化、均等化在广大贫困地区的实现有了基本依托。建设贫困地区村综合文化服务中心是一项规模空前的文化惠及民生的工程。以人民为中心的科学合理的顶层设计与老百姓的所思所盼高度契合。坚持群众路线、问题导向、资源优化配置和扶贫先扶志的决策和部署，补齐了贫困地区公共文化设施建设短板，提升了贫困地区公共文化服务效能，也极大地激发了贫困群众脱贫致富奔小康的内生动力。更为重要的是，为"我们的农民不仅要富起来，而且要让农民乐起来，让他们的精神世界丰富起来，真正达到以文化人，以文育人"的目标实现奠定了坚实的基础。在宁夏大地以文化扶贫助推全面小康已成为脱贫攻坚的新思路、新模式。

不论是脱贫村还是富裕村，从农民对乡村文化生活的参与度和热情上，都能感受到人们对优质文化资源的强烈渴望。一面面墙壁就是一个个展示文明乡风和核心价值观的平台，一场场群众自发组织的文艺活动、乡村篮球赛，在人们看来都是一次次文化盛宴，这些都无不体现着农民对村综合文化服务中心的精神依恋。党的十九大报告首次提出，要坚定实施乡村振兴战略。"生产发展、生活宽裕、乡风文明、村容整洁、管理民主"的二十字方针，从乡村产业经济、生态环境、文化氛围，文明习俗、社会治理和农民收入等方面明确了乡村振兴的总要求。在这场城乡统筹发展的伟大实践中，基层公共文化服务标准化、均等化的历史使命，给宣传文化战线的同志提供了大有可为的战场，这必将促使我们在做好基础工作的同时，最大限度地调动广大农民的主观能动性，鼓励农民更深入地参与进来，配套建好乡村书屋、乡村文化广场，培养乡村文化艺人，组建乡村传统文化工作队，引导村民忙时从农，闲时从艺，丰富群众性文体活动，结合传统节日和农闲时间，举办农民乐于参与、老少均能参加的趣味性、劳动性、民风性文体活动,走中国特色社会主义乡村振兴道路,让农业成为有奔头的产业,让农民成为有吸引力的职业,让乡村成为安居乐业的美丽家园。

人民群众对公共文化服务需求的多样化与时代的发展也是紧密相连的,因此,我们应该与时俱进,让公共文化服务也跟上时代发展的需求。当前,一个很普遍的现象是,很多的文化服务单位对于现代信息技术的发展置若罔闻,很多的文化工作者上网的主要目的是读取电子邮件,很多政府文化网站只是一个摆设,里面多是关于行政部门的介绍,少有公共文化服务。一方面,是意识没有跟上时代发展的脚步,以为文化不过就是唱唱跳跳、读书看报,与现代科学技术联系不大,只要有相应的技艺就行了,因而很少去研究作为信息社会主要代表的网络能够给我们提供什么样的机会,利用这一新的平台我们能够提供什么样的公共文化服务;一方面则是长期以来文化经费不足所致。只有观念和保障到位,"紧随时代步伐,创新服务方式"才能落到实处,从而抓住为人民群众提供公共文化服务的大好时机。

宁夏始终以保障群众基本文化权益为目标,以公共文化服务标准化均等化为主线,加大公共文化建设财政投入,加快构建现代公共文化服务体系,深入实施文化惠民工程,丰富群众精神文化生活,让广大城乡居民共享文化改革发展成果。

一、加快完善公共文化设施网络

自治区成立近60年来,特别是党的十八大以来,宁夏相继建成宁夏大剧院、红旗文化大厦,宁夏美术馆立项建设,新建改造地市"三馆"7个,县区"两馆"15个,标准化乡镇文化站66个,扶持建设村综合文化服务中心、民间文艺团队、农民文化大院985个,街道(社区)电子阅览室410个,公共文化基础设施和装备条件得到极大改善。截至目前,全区共有公共图书馆26个,文化馆25个,乡镇综合文化站193个,村(社区)综合文化服务中心2190个、民间文艺团队1136支、农民文化大院730个,农民文化大院的经验和做法得到中央领导肯定。特别是2016年以来，大力实施文化扶贫工程贫困地区村综合文化服务中心项目，建成示范性村综合文化服务中心110个，2017年争取中央部委和自治区专项资金1.5亿元，实施606个村综合文化服务中心建设项目和555个村综合文化服务中心功能提升工程，计划7月底建成，实现贫困地区村综合文化服务中心全覆盖、全达标，力争建设成为全国贫困地区基层公共文化服务体系建设示范区。

五级公共文化设施网络的建立，为保障群众基本公共文化权益、丰富群众精神文化生活发挥了积极作用。全区公共图书馆、文化馆（站）、博物馆、美术馆等全部免费开放，公共文化设施零门槛进入，基本公共文化服务项目免费提供，年均服务超过100万人次。银川市、石嘴山市成功创建国家公共文化服务体系示范区。各级公共文化单位普遍建立群众需求反馈机制和服务项目公示制度，对接群众需求，不断丰富服务内容和方式，提供便捷高效的公共文化服务，全区群众参与文化活动的积极性、主动性显著提高，群众读书看报、文艺演出、展览展示、艺术鉴赏、文化培训等基本公共文化权益得到有效保障。

二、着力提升公共文化服务能力

注重提升公共文化单位服务效能，加强管理服务制度和效能检查机制建设，促进建管用协调发展。各级公共图书馆积极推行延时服务，广泛开展图书借阅、电子阅览、亲子阅读、数字图书体验等阅读促进活动，探索推进总分馆制，实现通借通还、共建共享，并在机关、企事业单位、公园、乡村、社区等地广泛建立固定、流动图书借阅服务点，提供方便快捷的图书借阅服务。各级文化馆充分发挥阵地资源优势和人才优势，通过开办老年大学、组建文艺团队等形式，积极开展群众文艺作品创排演出、文化队伍培训、展览展示、非遗陈列、艺术鉴赏等活动，并下派辅导员包片抓点，培训指导村文化活动中心、民间文艺团队和农民文化大院开展文化活动。各乡镇文化站不定期组织群众开展民间文艺团队展演、农民歌手大赛、乡村秦腔比赛、体育竞赛等健康向上的文体活动。各村（社区）整合各类资源建设综合文化服务中心，采取"公建民营公助"、委托文化能人代管等形式，带动群众创办自乐班、小乐队、社火队、秧歌队、小戏班、健身舞队等民间文艺团队，编排创作小戏小品，常态化开展丰富多彩的文化活动。

三、丰富公共文化服务供给

以群众文化需求为导向，注重激发各级文化部门、文化单位的创造性与活力，持续打造内容丰富、特色鲜明的公共文化活动品牌体系，形成一批有影响、接地气、惠民生的公共文化服务品牌。每年元旦、春节期间，组织全区文化系统举办"新春乐·全区社火大赛""全区群众书法绘画摄影大赛""三下乡"集中服务等10大类200余项文化活动，连续举办了13届"新春乐"全区社火大赛，特别是2017年举办全区社火大赛元宵节主场巡演活动，吸引10多万人沿街观赏，引发社会热烈反响。连续举办4届"欢乐宁夏"全区群众文艺会演，培育发展"清凉宁夏"等40多个特色广场文化活动，形成"群众演、演群众、演给群众看"活动机制常态化。坚持开展"春雨工程"全国文化志愿者宁夏行活动，面向基层群众送去精彩的文艺演出、书画展和培训授课。自治区持续加大文化民生实事办理力度，每年以政府购买的形式组织送戏下乡惠民演出1600场以上，开展广场文化演出1500场以上，覆盖市县（区）、延伸乡镇（街道）和行政村（社区），有力保障了文化民生。

四、发展文化产业增收富民

扶持培育产业主体。截至2016年，全区文化产业单位达12400多家，其中规模以上文化企业99家，全区文化产业增加值达到76亿元。加强文化产业园区基地建设。全区累计创建中华回乡文化园等国家级文化产业示范基地6家、试验园区1家，评选命名自治区级文化产业示范园区4家、示范基地41家、示范户56家、特色村镇5个。

加快发展文化创意产业。全区5家动漫企业通过文化和旅游部等部门认定，

8家文化创意企业在新三板成功挂牌，《马兰花动漫广场》等10多部拥有自主知识产权的动漫游戏产品推向市场，动漫形象"小哈家族"获"中国十大卡通形象"大奖。WCA全球总决赛举办地永久落户银川。

推动文化消费。银川市成为国家首批文化消费试点城市，并得到文化和旅游部通报表扬。支持宁夏大剧院实行专业化管理、多元化演出，满足不同层次观众消费需求，投入运营以来累计演出200多场，惠及观众20多万人次。

扶持贫困地区文化产业发展。组织贫困地区回族刺绣传承人赴苏州考察学习，邀请江苏刺绣专家举办全区刺绣传承人群培训班，推动回乡刺绣品牌做大做强。加大非遗衍生产品开发力度，支持具有市场前景的回族医药、回族服饰、剪纸、刺绣、泥塑等非物质文化遗产进景区、进企业。支持海原县与上海牡丹苑非遗文化公司合作成立海原县牡丹苑非遗文化公司，依托当地剪纸、刺绣等非遗保护传承基地（点）建立生产基地，带动当地非遗产品走出去，促进了贫困地区增收富民。

根据宁夏新出台的《关于加快推进文化小康助力脱贫富民和乡村振兴战略的实施意见》，宁夏将实施乡村电影放映、广电宽带乡村及基础网络完善、城乡电子阅报屏工程等重点项目，建立贫困县县域公共数字文化综合服务平台；对基层公共数字文化服务进行提档升级，区市县级公共图书馆、文化馆达到国家二级以上标准。同时，宁夏将组织"文化进万家""全民阅读"等公益性品牌活动，每年送戏下乡1600场以上，开展广场群众文艺演出1500场以上，乡村电影放映4万场以上；按照每村每年2000元标准，做好农家书屋补充出版物的配送工作。

宁夏还将大力培育、挖掘乡土文化人才，重视培养乡土文化能人、民族民间文化传承人和基层文化骨干带头人，建立贫困地区基层艺术团体基础数据库，实施基础性艺术人才培养计划，培养100名艺术基础人才，扶持乡村文化大院和民间文艺团队发展。宁夏文化工作始终贯穿学习贯彻党的十九大精神这条主线，强化贯彻落实习近平新时代中国特色社会主义思想的政治自觉，强化坚定文化自信推动社会主义文化繁荣兴盛的思想自觉。全面落实新时代党的建设总要求,突出牢牢把握意识形态工作领域领导权,培育和践行社会主义核心价值观,加强思想道德建设,繁荣发展社会主义文艺,推动文化事业和文化产业发展五个重点,聚焦推进落实自治区第十二次党代会确定的文化任务,大力实施文化工程,奋力开创文化工作新局面,为实现经济繁荣、民族团结、环境优美、人民富裕,与全国同步全面建成小康社会的目标提供强有力的文化支撑,大力实施文化工程。

一是大力实施党的建设工程,坚持全面从严治党,贯彻落实新时代党的建设总要求,加强党的政治建设、思想建设、组织建设、作风建设和纪律建设,把制度建设贯穿其中,营造良好的政治生态。

二是大力实施自治区成立60周年大庆文艺精品创作工程。重点创排自治区成立60周年大庆主题文艺晚会、献礼剧目,实施"塞上江南　美丽宁夏"主题美术创作项目,推出一批精品力作;举办喜迎自治区成立60周年大庆系列文化活动。

三是大力实施文化惠民工程,加快宁夏美术馆建设;改造升级一批市级文化场馆综合服务功能,新改建一批县级"两馆",新建一批标准化乡镇综合文化站,实现贫困地区村综合文化服务中心全达标;加快国家公共文化服务体系示范区创建;组织开展全区广场舞大赛等品牌文化活动。

四是大力实施优秀传统文化保护传承工程。持续推进西夏陵和丝绸之路(固原段)申报世界文化遗产;实施一批文物保护利用工程和固原古城遗址加固修缮工程;加强重点文物保护和考古工作;加强博物馆建设;健全非遗保护传承体系。

五是大力实施文化产业发展工程。支持石嘴山星海湖国家文化产业试验园区等文化产业园区建设;培育规模以上文化企业、骨干民营文化企业和小微文化企业发展;加快文化创意产业发展;推进文化与旅游、特色农业、金融、科技等融合发展。

六是大力实施对外文化交流工程。实施斯里兰卡中国文化中心年度文化交流合作项目;积极参与2018香港中秋彩灯会等文化交流活动;组织宁夏文艺精品节目参加全国重大展演活动。

七是大力实施文化市场监管工程。加大"放管服"力度,促进文化市场健康发展;加强上网服务营业场所等重点领域监管;推动文化市场分级管理;实施阳光娱乐行动计划;认真落实部门监督责任,确保文化市场安全。

八是大力实施文化改革创新工程。推进县级公共文化馆、图书馆总分馆制建设;推动公共文化机构法人治理结构改革、国有文艺院团深化改革和文化市场综合执法改革。

九是大力实施文化人才培养工程。建设高素质专业化文化干部人才队伍。

相信随着乡村振兴战略的稳步推进,一个个田园牧歌、秀山丽水、和谐幸福的宜居乡村必将遍布宁夏大地,让农民乐见山,喜看水,享受美好生活。

第五章　乡风文明与旅游相互促进

乡风文明是中国乡村文化的精神根基。随着城镇化的推进，人们逐渐远离乡村，走进城市，导致乡风文明逐渐式微，亟待传承和弘扬。宁夏有着悠久的历史和丰富的文化，尤其在乡村，古村落、古街、古树、古碑遍布乡村各地，这些文化古迹既承载着历史文化，又承载着中华传统美德，是培育和践行社会主义核心价值观，弘扬文明道德风尚的活化石。通过乡村旅游开发保护和传承乡风文明，一举两得，既可以留住优秀文化，又可以发展经济。良好家风、文明乡风、淳朴民风是组成乡风文明的三个部分，乡风文明是乡村旅游的主要精神支柱。乡村旅游以乡村自然风光、人文遗迹、民俗风情、农耕文化、农民生活及乡村环境为旅游吸引物，满足旅游者的休闲、度假、体验、观光、娱乐等需求，以"文化传承、生活富裕、乡风文明、村容整洁、和谐有序"为目标。乡村旅游活动的内容包括：自然景观——乡村生态、自然环境；经济景观——田园景观、农林牧渔；文化景观——村落古镇、民俗风情。

第一节　乡风文明助推乡村旅游升级

乡风文明是乡村振兴的精神支柱，以好家风涵养民风，让好家风促进乡风文明。要同时重视物质文明与精神文明，培育好文明乡风、良好家风、淳朴民风，逐步提高乡村社会的文明程度。培育乡风文明，有助于改变农民的精神面貌，让乡村焕然一新；有助于维护社会公正，营造和谐社会；有助于形成健康文明的生活习惯，促进人的全面发展。乡风文明浸润美丽乡村，促使乡村形成了环境美、农民素质好的新气象，传统文化和景观建筑也得到保护和传承，为发展乡村旅游提供了精神和物质的双重保障。通过培育乡风文明，不仅完善了乡村基础设施，使村容变得整洁起来，传统文化和良好的生活习俗都能够传承下去，自然景观资源与传统文化相结合使得乡村旅游更富有内涵。

一、美丽新乡村助力乡村旅游发展

宁夏乡村旅游资源丰富，全区70%以上的自然风光、民俗风情、文化遗产集中在乡村。清新的空气、良好的生态、优美的环境、古朴的风貌对城市居民有着强烈的吸引力。乡村旅游发展势头迅猛、富民效果突出、发展潜力巨大，形成了一定的规模和特色，已成为宁夏休闲旅游和假日消费的新亮点、农民脱贫致富的主渠道、全域旅游示范区创建的新引擎。

2020年3月26日出台的《宁夏回族自治区乡村旅游发展三年行动方案（2020—2022年）》，提出以促进农业增效、农民增收、乡村发展为目标，结合乡村旅游的丰富资源、特色产品、发展业态，进一步完善基础设施和公共服务设施，丰富旅游产品要素，提升乡村旅游品质，构建"一核、四带、十八个重点发展区"的乡村旅游空间发展格局，充分发挥乡村旅游脱贫富民作用，为乡村振兴按下快进键。[①]

（一）整洁宜居的村容村貌

乡风文明与新农村建设是相辅相成的，二者相互促进，让乡村实现人美、景美、乡风美的新气象。发展乡村旅游，首先需要为游客提供良好的旅游环境，让游客有舒适的旅居体验。发展乡村旅游，不能单单依靠乡村的自然景色，

---

① 宁夏乡村旅游按下促进乡村振兴快进键．《宁夏日报》–2020–04–16

还要完善乡村的公共基础设施。乡村公共基础设施不完善，如卫生设施缺乏、民居环境差、交通不便利等，都会直接影响乡村旅游的发展。因此，建设整洁宜居的新农村，完善乡村基础设施，让乡村村容整洁，有助于推动乡村旅游发展。乡村基础设施最差的地方，是卫生设施，尤其是厕所问题。习近平总书记曾指出，厕所问题不是小事情，是城乡文明建设的重要方面，不但景区、城市要抓，乡村也要抓，要把这项工作作为乡村振兴战略的一项具体工作来推进，努力补齐这块影响群众生活品质的短板。随着乡风文明建设的推进，乡风文明程度有了全面的提升，使得乡村风貌焕然一新。

宁夏积极响应习近平总书记的号召，启动美丽乡村建设用地、环境整治、公路建设、林网建设、产业发展、生态移民住房和贫困村建设等专项规划的修订和完善工作。宁夏多地把乡村改厕治污、村庄整体环境整治、村庄绿化提升、亮灯出行作为美丽村庄整治的重点内容来实施，切实改善了乡村居民的生活环境。对非法占用耕地甚至是基本农田的行为集中整治，强化日常执法监察，扎实开展动态巡查，有效遏制辖区私搭乱建的歪风，乡村人居环境进一步改善。全区乡村饮水安全、垃圾处理等基础设施不断完善，全区乡村环境焕然一新。宁夏在建设美丽宜居乡村方面，也提出了明确要求，在2021年的政府工作报告中，宁夏回族自治区主席咸辉谈道：完成农村人居环境整治三年行动，建设卫生户厕10.5万户，改建乡村公路1200公里，建成特色小镇12个、美丽村庄100个。同时，在"十四五"期间，准备建设美丽宜居村庄50个，改善村庄基础设施，建好"四好农村路"，新建抗震宜居农房7400户，改造卫生户厕3.5万个等目标。推进移风易俗、推动形成文明乡风、良好家风、淳朴民风。[①] 只有乡村基础设施完善，才有发展乡村旅游的坚实基础，为游客营造一个良好的旅游环境，不仅让游客感受到乡村的优美景色，同时也改善了乡村的居住环境，进而提高村民的生活幸福指数。

---

① 2021年宁夏回族自治区政府工作报告——2021年1月29日在宁夏回族自治区第十二届人民代表大会第四次会议上。

（二）人文与景观相结合

1. 自然景观

山川河流、荒漠大地、秀丽风光，都是大自然的鬼斧神工。自然景观是发展乡村旅游的必要条件，乡村与城市相比，更好地保留了自然景观，由此形成的田园风光，是乡村旅游的重要组成部分。

宁夏地处黄土高原与内蒙古高原的过渡地带，地势南高北低。北部是平原，南部是山川，黄河横穿而过，气候宜人，使得宁夏有"塞上江南"的美誉。正是这样的地理环境，造就了宁夏旅游得天独厚的自然环境。山脉、高原、平原、丘陵、河谷一应俱全，使宁夏拥有丰富的自然景观。北有贺兰山，山的一侧是阵阵松涛，另一侧却是悬崖峭壁，景观奇谲。贺兰山下是冲积平原，沃野千里。南有六盘山，郁郁葱葱，风光旖旎。

2. 人文景观

与自然景观不同，人文景观是以地域文化为根基的，在建造时就融入了当下的流行文化，所以极具人文价值。乡村人文景观指的是人类和自然之间相互作用而形成的特殊景观，这类景观融合了乡村居民的民俗文化、乡村环境和事物、遗产和传统、各种文化、美学和其他社会价值。如文物古迹、乡村聚落、田园耕作、道路设施、产业设施等，文化活动的印象如特色农庄休闲型景观和农家乐旅游餐饮型等。[①] 发展乡村旅游，要紧密结合美丽乡村建设，深挖当地的特色文化，走特色化发展道路。

宁夏因其独特的地理位置，形成了多民族聚居的形态，因而拥有丰富的地域民族文化，使宁夏有着丰富多彩的人文景观。西夏王陵、贺兰山岩画、镇北堡影视城、水洞沟遗址、沙坡头、沙湖、古长城、九大古渠等人文景观，还有近年来打造的特色小镇、农家乐、文明村，都是宁夏发展乡村旅游的主力军。历史人文景观需要保护，在保护修建的过程中，需要保留其本真，修

[①] 陈蕊，陈蕾：《地域文化视角下的宁夏隆德红崖村景观特征研究》大众文艺，2020年第4期，第255-256页。

旧如旧，保留其特色。而新建景观，尤其是民居、农家乐、民俗博物馆等，在修建过程中，要结合当地文化特色，建成独具地方民族特色的乡村景观，避免"千村一律"的风格。

例如，位于宁夏中卫市沙坡头区香山乡的南长滩村，是一个神秘的村落，村子虽小，却拥有三个宁夏第一：宁夏黄河第一村、宁夏黄河第一渡、宁夏黄河第一漂。2008年12月，南长滩村获得宁夏首个"国家历史文化名村"称号。南长滩村是黄河进入宁夏南岸的第一个村落，黄河在这里转了一个大弯，在河南岸形成了一个月牙形的长滩，人们称为南长滩。这里四面靠山，一河环流，形成了弧形半岛，像一块翡翠镶嵌在黑色的石头和黄色的河水之间。黄河臂弯中的这块绿洲面积为195.4平方公里。因为大山阻隔，出入十分不便，所以外面的人进去得很少，十分幽静。这里有史前岩画、古代水车、秦长城，黄河两岸怪石嶙峋，高崖耸立。每年的四月上旬，这里梨花绽放，竞相吐蕊、花香袭人，与焕发青春的古树和滔滔的黄河水相映成趣，构成了一幅怡然自得的画面。

据说，西夏时党项族有一分支世代定居于此，经营数百年缔造了一个"世外桃源"。南长滩村的人们，复姓拓跋，他们自称是西夏人的后裔，代代相传。大概正是有这个缘故，所以南长滩村2012年开始打造"党项民俗文化村"——拓跋寨。拓跋寨于2012年5月开工，2013年5月完成基础设施建设，建筑面积1580平方米，建筑风格融合了西夏文化和中原文化。拓跋寨主要由拓跋广场、拓跋寨、西夏文化园、梨园风情园、民俗村等组成，充分展示了党项文化与拓跋氏家族的历史风貌。

3. 人文资源与现代景观结合的要求

人文资源与现代景观结合，要满足游客的需要。游客的需要是乡村旅游业发展的第一需要，围绕游客的需要开发乡村旅游的人文资源，就是要立足现实，规划整合。

乡村人文旅游资源的开发，需要新建，但是与传统的续接最为重要。乡村是从历史深处走出来的乡村，历史在乡村中留下了许多遗迹，这些遗迹以

中卫市沙坡头区迎水桥镇南长滩村

包含着深邃的历史信息，即使破败的窑洞、陈旧的土房、一段残垣断壁、几棵苍老的古树、盘旋在深沟大山上的老路等，都有着让人回味往昔的价值；还有那些废弃的农具，一盘石磨、石碾子，一挂牛车，一张木犁，簸箕、笸篮、碗架、水缸、坛坛罐罐，都会让游客睹物思人、思考历史、思考生活，其对人启发教育的价值常在常新。乡村人文旅游资源的开发绝对不能忽视这些。

将人文资源与现代景观结合，要充分保护好文物古迹。文物古迹是乡村旅游资源中的瑰宝，长城、城堡、烽燧一旦存在于某个村子，这个村子一定会成为游客青睐的地方。观赏长城，亲临古堡，眺望烽燧，历史的风云如在眼前，游客会为此而激动，为此而增添爱国情思。保护好这些文物古迹，就为讲好一个乡村的历史故事提供了依据，就为保护好当地经济社会发展奠定了基础。

将人文资源与现代景观结合，要保护好乡村的原貌。乡村原貌是乡村在一定发展阶段上的记录，是刻录在乡村大地上的历史景观。走进古老的村庄，故事就产生在这一窑一屋、一砖一瓦、一草一木中。

将人文资源与现代景观结合,要保护利用好古老的民居。新农村建设让农民住上了漂亮的新居,但是村子里往往存在着古老的民居。这些民居可能破败不堪,甚至被遗弃,但是在乡村旅游开发中,它们却是重要的人文资源。长期的城市生活,高楼大厦的封闭、喧嚣与吵闹,都让人们开始渴望到乡村去避暑、休闲,渴望走进乡村体验。入住旧

吴忠市红寺堡区新庄集乡西川乡愁记忆馆(展帆/摄)

民居,回味往事,再忆乡愁,是一种新的时尚和浪漫。所以,开发乡村人文旅游资源,古老的民居是一个重要的元素。利用好这个元素,就是变废为宝,从而使古老与现代在村庄和谐共存。

将人文资源与现代景观结合,还要让古老的农具和被遗弃的生活用具发挥新作用。古老的农具和被遗弃的生活用具负载着厚重的历史信息。走进新时代,农民过上了新生活,这些农具与曾经的生活用具已经全部被遗弃了,但游客却对它们有浓厚的兴趣。游客有老中青,游兴也有所不同,老年游客往往会从这些老旧的农具和生活用具上回想起过往的日子,看到自己曾经的苦难与艰辛。这些农具都出自他们精巧的构思与制作,帮助他们创造了曾经

的生活。中青年游客会在看到这些农具和生活用具时,触摸先辈们的生活,认识到新生活来之不易。接受教育的途径很多,把古老的农具和生活用具陈列在博物馆里,这个博物馆一定能发挥很好的教育作用。

二、民俗风情吸引游客

乡村旅游有别于城市旅游的一点就是乡村有独特的民俗风情。这些民俗风情正是发展乡村旅游的优势,可以充分调动游客的怀旧心理。尤其是在发展旅游的过程中,将传统节庆活动、农耕民俗文化等富有乡土气息的内容融入其中,会在游客的心里产生强烈的情感冲击力。

位于宁夏吴忠市南郊的牛家坊村民俗文化村,有着得天独厚的自然、人文、农耕民俗文化等优势资源。近年来,乡村旅游的发展使其成为吴忠市民周末、节假日休闲、娱乐的集散地。牛家坊也先后被评为"全国生态文化村""全国一村一品示范村"和"中国美丽休闲乡村"等称号。

截至目前,牛家坊民俗文化村特色餐饮集聚区规划内的城南水系景观公园主体工程已于2018年完成。牛家坊农耕民俗文化博物馆于2014年建成并正式投入使用,年接待游客达到3万余人。生态农业观光园温室大棚主体建设已完成。近几年来,依托现有的服务设施,牛家坊民俗文化村已成功举办多届桃花节、风车节、美食节、荷花节以及农民丰收节等特色活动,并通过这些活动向外推介牛家坊民俗文化村品牌,提升影响力,形成聚合力,为牛家坊民俗文化村的建设打下了坚实的群众基础。

为传承宁夏两千多年的农耕民俗文化,通过文化展示和体验,教育引导每一位游客了解农事活动,激发爱农情怀,以体验式经济发展模式,形成民俗观光体验旅游餐饮一条线,并通过民俗文化传承推动集聚区发展建设,以民俗体验推进农产品展示和农产品深加工。牛家坊村建设了总占地2500平方米的农耕民俗文化博物馆及配套设施,内设农耕民俗、日用生活、民族服饰、光辉历程、爱粮节粮五大展区,展示黄河地区两千多年以来的农耕民俗文化和生活风俗,深入挖掘民俗农耕文化、党史教育基地红色文化、民族特色文化资源底蕴,形成良好的人流聚集效应。同时新建占地3000平方米的农耕民俗文化体验区,内有酿醋房、磨辣椒面体验作坊、面点制作房、手抓等传统饮食制作体验区、乡土餐饮区等。向以农耕农具展示、农事体验参观及各种时令民俗、节庆活动等为主题的体验式经济发展模式转变,形成民俗观光体验旅游餐饮一条线,使游客在参观了解农耕民俗文化后,能亲自体验农事生产,以体验带动经济消费。

吴忠市利通区上桥镇牛家坊村移风易俗宣传栏(张绍慧/摄)

牛家坊村农耕民俗文化博物馆展品(展帆/摄)

三、乡风文明助力乡村旅游

以乡风文明为建设根基的乡村旅游,不是单纯的视觉享受,而是精神升华。乡风文明使得乡村旅游有了一定的教育意义,通过传统文化的展示,明理知耻的好家风和抱诚守真的文明乡风得以充分体现,对游客有积极引导的作用。为保障乡村旅游的可持续发展，最有效的措施是将乡风文明和乡村旅游相结合，以新时代的优秀文化丰富乡风文明的内涵，充分挖掘乡风文明下的特色民俗和地域文化，走传统民族文化和自然资源结合的道路，让游客在乡村旅游的过程中满足精神需求，并能感受当地特色文化的魅力。目前很多地区通过乡风文明建设，将一些传统的民俗文化和浓缩的精神文明融入旅游发展，不仅促进了乡风文明建设，而且创新了地域文化，促进了乡村旅游发展。

（一）传承弘扬乡风文明

乡风文明助力乡村旅游，首先需要的就是传承和弘扬乡风文明，让优秀的乡村传统文化得以流传。乡风文明是中国的传统文化，是乡土性的文化，它产生并服务于农耕社会。优秀的传统文化是新乡村文化的生长点，是乡村振兴的"软实力"。乡风文明实质上是一种无形的精神文明，其包含着村落建筑、山水风景、手工艺品、地方特色美食、乡土生活习俗、乡土观念等，形成了地方独具魅力的人文风景，是人们的乡愁、乡恋、归属感和自豪感的凭借。乡风文明具有很强的凝聚力和生命力，它既是教育后人、了解历史、陶冶情操、净化灵魂的载体，又具有重要的经济价值；它既是团结凝聚广大人民群众的重要纽带，也是长久的文化资源。挖掘传承乡风文明，促进乡风文明的繁荣和发展，通过乡风文明来凝聚广大农民，能从内心深处重振乡村精神。增强农民文化自信，重新树立农民的文化信仰，是进行乡村振兴的重要内涵。

从某种意义上来说，对乡风文明的尊重与延续是一种文化自觉意识。只有认清了乡风文明的重要性，才能深层次地发展其他多元的文化元素。

在费孝通的《乡土中国》中对中国的乡土社会有这样的描述："乡土社会在地方性的限制下成了生于斯，死于斯的社会。常态的生活的是终老是乡。加入一个村子里的人都是这样的话，在人和人的关系上也就发生了一种特色，每个孩子都是家人眼中看着长大的，在孩子眼里周围人也是从小就看惯的。

这是一个'熟悉'的社会,没有陌生人的社会。"[①]而对于现在的多数人来说,在城镇化的进程中,连对门的邻居都不认识,这样的乡邻人情社会已经一去不复返,只能存在于记忆中。而发展乡村旅游,则可以让远离乡土的人自由选择回归乡土,重温乡土的乡情社会。

乡风文明在逐渐流失,亟待传承。从乡村的方言、习俗、建筑中找寻乡风文明,将其转化为乡村旅游,既可以满足当地村民的精神需求,又可以提高村民的收入。通过开发满足游客需求的乡村旅游,将乡风文明与乡村旅游有机结合,打造独具地域特色的乡村旅游。

位于宁夏大武口的龙泉村博物馆,于2008年7月开馆。场馆面积1680平方米,馆藏丰富,大的有农民耕作用的耙犁子,小的有农家绣品虎头鞋;远有汉代的酿酒陶罐,近有新中国成立初期的粮票,这样的藏品,收集了有近百件,为乡风文明提供了一个生存的空间。这不仅见证了农耕文明的沧桑巨变,同时反映了不同时期人民群众的生产生活面貌,充分展示了大武口地区丰厚的文化底蕴和民俗文化的无限魅力。这样的旅游景点对当地村民和游客来说,都有利于传承和发扬乡风文明,同时也可以推动当地经济发展。

(二)乡风文明如何助力乡村旅游

乡风文明是乡村旅游资源的重要组成部分,以其独特性和唯一性具备了乡村旅游产品开发的可行性,从而成为乡村旅游实现可持续发展的重要基础。生产、生活、生态三位一体的乡土性休闲空间和场景是乡村旅游活动的独特卖点,那么乡土化就成了乡村旅游产品开发的关键。乡村旅游产品面向城市客源市场,保持与城市旅游产品供给的互补和差异,就成为开发这一旅游产品必须坚持的原则。开发要坚持科学保护、合理开发和永续利用为一体,必须做到先规划、后开发,既要使乡村旅游的发展成为促进乡村生态环境保护的有效手段和重要渠道,也要充分利用当地的乡土元素,保持乡村旅游资源的乡土性和原真性。

[①] 费孝通:《乡土中国》,北京:北京大学出版社,2012年,第13页。

乡村旅游实质上是一种特殊形式的旅游，是将特有的乡村景观、民风民俗等融为一体，因而具有鲜明的乡土特点，以其古朴原始的乡土特色来吸引游客。"搞乡村旅游，'洋'不起，'土'到底，以农招客，以土助兴。"乡村风光、风土人情、农家饭菜、农事活动，村落建筑、村居住宿的城乡差异和地方特色，都可以充分体现当地乡土特色。传家训、树新风、聚乡贤、惠家乡，用文化浸润美丽乡村，让乡村旅游发展有更厚重的底蕴。

1. 为发展乡村旅游凝心聚力

当前，乡村振兴成为国家战略中的重要内容，政府是国家的代表，必须给予足够的重视与扶持。其中农民是关键，能够为乡村振兴提供强大的内生动力。只有调动农民的积极性与主动性，乡村振兴才能真正实现。若是缺乏乡村提供的内生动力，过于依赖外力推动，乡村自我生长的力量将严重不足。而这种力量，能使年轻人在面对乡村的未来时充满信心。对此我们要真正认识乡风文明的价值，并形成共识，让年轻人在乡风文明智慧的积累中，主动去传承、保护与发展乡风文明，跟上乡村振兴的潮流。

2. 以特色的风土人情吸引游客

党的十九大报告对乡村振兴提出了总体要求，尤其是对产业繁荣、生态宜居、乡村文明来说，均需要以乡风文明为支撑。在工业与生活繁荣的背后，是乡风文明多年来积累的地方文化的利用。生态宜居与尊重自然、顺应自然、保护自然、利用自然的文化传统，在处理乡风文明中人与自然的关系非常密切，也依赖于当地艰苦奋斗、自强不息的精神。此外，乡风文明与中华民族传承的孝、忠、礼、正、耻的荣辱观有着密切关系，包括弘扬各种传统美德，如尊老爱幼、邻里相助、积极向善。在新乡村与美丽乡村的建设过程中，要防止乡村建设中出现单一的建筑景观，或是一味模仿的现象。在物质文化建设的过程中，也要关注精神文化活动的建设。

3. 为文旅融合提供文化资本

近年来城乡融合发展步伐日益加快，乡风文明与自然联系极为密切，乡风文明为城乡融合发展提供了丰富的文化资本。当前乡村交通建设规模逐步扩大，互联网、智能手机等应用普及，城乡融合有了更多的可能。乡风文明主要起源于农耕文明，而城市文化为现代文明的集中地，城市文化与乡风文明由于差异明显，在融合发展中产生了巨大的文化张力，让城乡文化获得了更多的生机。其中乡风文明所表现出来的文化、生物等方面的多样性，在城乡融合发展中具有关键性作用。

4. 推动传统乡风文明发展为旅游文化

乡土知识经过历史的积淀，为我国农业与乡村走向未来提供了基础与根源，是我国重要的文化财富，必须薪火相传、代代守护，更应该跟上时代发展的脚步，积极创新。为了保证乡村振兴战略顺利实现，应加强对乡风文明的挖掘和阐发，使其与当代文化相适应、与现代社会相协调，为乡风文明创新性转型与发展打造良好基础，赋予其强大的生命与活力。

第二节 乡愁旅游主导乡村旅游

从2013年12月中央城镇化工作会议公报中提出"望得见山、看得见水、记得住乡愁"的表述，到2015年8月国务院发文《关于加快转变农业发展方式的意见》中"支持休闲农业与乡村旅游发展，保持传统乡村风貌，传承农耕文化"的发展思路，再到时下日益火爆的以返朴还淳、品味乡愁为核心体验的原乡旅游市场数据，均可看出，乡愁旅游已成为最具生命力的旅游形式之一。[1]宁夏的乡愁旅游则是：望得见贺兰山，看得见黄河水，记得住塞上江南风情。

---

[1] 张朝：《乡愁旅游引导下的美丽新乡村建设要点》，中国旅游报，2016页。

一、乡愁旅游

(一)乡愁旅游的含义

乡愁旅游是一种典型的情感旅游。乡愁旅游的提出,恰恰体现了对旅游者情感的一种重视,它将旅游者对乡愁的需求纳入旅游过程,充分满足了游客对某一地方、过往岁月或历史文化传统的情感的宣泄和表达,找到认同感和归属感,属于马斯洛层次需求理论中的"爱与归属"需求层次。在旅游中,游客可能去的不是自己的家乡,但依然能通过与旅游目的地的人和各种地方传统文化的互动,产生了一种深层次的情感共鸣和情感依赖,为自己的乡愁找到附着之地。[1]

乡愁旅游作为一种精神上的需求,是以田园山水、乡间村落、传统建筑、风俗人情等为媒介,继而产生的一种情感慰藉。很多游客的老家早已不复存在,回乡之后连基本的住宿都成问题,即便这样,也阻挡不了他们回乡的脚步。乡村旅游的应运而生,服务了外地游子的乡愁需求。通过合理的旅游开发,让记忆中的乡村再次回到人们的视野中,不仅保留了传统,而且加入了创新理念,让游客不仅有更舒适的旅居体验,也满足了深层次的情感需求。

(二)宁夏的乡愁

宁夏,是一个充满乡愁的地方。她的乡愁是一瓶老酒,老银川、沙湖原浆历久弥新,枸杞红、贺兰山东麓葡萄酒醇香芬芳,引众人把酒言欢话乡愁;是一泓清水,依傍贺兰山,汇聚黄河上游,蜿蜒古长城环绕六盘高峰,只为"天下黄河富宁夏";是一片繁星,远离城市的繁杂和喧嚣,追寻诗与远方的宁静至美,得天独厚的资源让众多旅行爱好者对"星星的故乡"心驰神往;是一份坚守,凝聚在贺兰山下,以"人不负青山,青山定不负人"的魄力,守护一方热土,营造人与自然和谐共生的良好生态。

宁夏作为一个生态移民大省,移民文化是形成乡愁旅游的主要原因之一,位于红寺堡的宁夏移民博物馆、新庄集移民旧址所浓缩的移民文化景观都体

---

[1] 庄伟光,邹开敏:《关于乡愁旅游的概念与内涵研究》,南方论刊,2020年第1期,第22-25。

第五章 乡风文明与旅游相互促进

固原市隆德县隆德书院

现了移民文化的重要性。尤其是从南部山区搬迁出来的农民，他们虽然搬离故土，但是思乡的感情不会消失。过去落后的西海固地区，现在已经大变样，乡村旅游发展稳步推进，闻名全国的西吉县龙王坝村有窑洞宾馆、传统婚礼、层峦叠嶂的梯田、隆德县红崖村丰富的民俗文化。尤其是为了传承隆德文化文脉而修建的隆德书院，极大地彰显了教育文化大县的成就及农门书乡的优秀文化特色。书院是隆德地标性建筑及重要旅游场所，院内开设有隆德书院陈列室、社会主义文明教育基地、书画交流展馆、新（旧）书画展览馆、书画长廊示范等多处文化培训场所，供人们学习、交流参观，以丰富广大群众的文化娱乐活动。隆德书院也是吸引区内外游客感受西海固人文风情的景点。

（三）宁夏发展乡愁旅游的路径

宁夏拥有丰富的乡愁旅游资源，有发展乡愁旅游的文化底蕴。在乡风文明的建设下，乡村的精神风貌更好，环境更美，对传统文化的保护和开发也达到前所未有的高度。人们怀念故乡，怀念的不仅仅是田间地头和自然风光，还有乡村良好的家风、淳朴的民风、文明的乡风。

例如在大型纪录片《记住乡愁》中，第三季第二十八集以西庄镇"百忍家风"为切入点,上溯其始源,下梳其流衍,衔通古今,将人文典故娓娓道来,大德英贤历历数来,全面展示了西庄镇底蕴深厚的历史文化和独具特色的风土人情,生动展现了中华优秀传统文化和传统美德,在边陲一隅扎根生长和长久传承的动人情景。静静流淌的泸江河滋润着广袤田畴,传续数百载的"百忍家风"则滋养着西庄人的心田,将这一方桃源之地升华成精神福地和心灵原乡。细品之,足慰乡愁;详究之,乡愁成风化人之效昭然可见。

1. 以良好家风留住乡愁

在宁夏,同样是以家风化育民风,留住乡村乡愁。位于固原市隆德县陈靳乡的新和村,在宁夏南部六盘山深处,地貌独特,风景宜人,人居环境优美,民风淳朴,文化底蕴深厚。其打造的文化一条街,24块孝文化牌坊,集中体现着新和村居民耕读传家的儒家文化底蕴和孝亲敬老的良好社会氛围;一泓潺潺金水泉,清如明镜,叮叮咚咚,弹着清脆悦耳的旋律,衬托着新和村的安静祥和;40户农家休闲小居展示着粗犷的西北人的居住和饮食文化。

2. 以地域文化承载乡愁

宁夏独特的地域文化决定了其拥有发展乡村旅游的根基,这些文化大都存留在乡村,在世世代代的记忆中流传。宁夏的黄河文化、农耕文化、丝路文化、边塞军旅文化、民风民俗文化、西夏遗存文化、红色文化等,都是宁夏人的集体记忆。尤其是孕育了塞上江南的黄河,流淌在宁夏人的血脉当中。作为古老的黄灌区,沟渠纵横的乡村景象是无法磨灭的记忆。自2014开始打造的黄河金岸旅游带,近年来不断带动沿黄地区的经济发展。2017年,宁夏引黄古灌区成功入选世界灌溉工程遗产名录,吸引了更多游客参观古灌区。

3. 以文明村镇传承乡愁

乡愁不仅仅是乡村的田园牧歌,还有淳朴的乡风,夜不闭户、路不拾遗的品质。文明村镇在老百姓心目中地位崇高,是群众眼中的"金牌"荣誉。宁夏各地突出价值引领,注重利民惠民,运用示范带动,在推动移风易俗、整治村容村貌、丰富农民精神文化生活等方面积极发力,不断丰富创建内涵。广大乡村不仅步步是风景,更是处处有文明。民风示范村乡乡引领,身边好人村村推出,家风家训户户参与,道德讲堂普遍设立,守望相助渐成风气,农民群众的获得感和幸福感进一步增强。

2017年,第二届宁夏美丽乡村文明创建工程示范村镇名单出炉,宁夏文明委给全区28个村镇授予自治区第二届"美丽乡村文明创建工程示范村镇"称号,固原市原州区张易镇大店村、彭堡镇姚磨村、西吉县将台堡镇西坪村、隆德县陈靳乡新和村、联财镇赵楼村、泾源县大湾乡杨岭村、彭阳县城阳乡杨坪村等7个村镇上榜。

固原市泾源县大湾乡杨岭村(自治区美丽乡村文明创建工程示范村)(邓娜/摄)

美丽乡村文明创建的"八个一"标准、文明单位与贫困村开展的"结对帮扶、文明共建"活动、乡村环境整治中的"户分类、村收集、乡转运、县处理"的保洁机制、建设完成606个贫困村综合文化服务中心和形式多样的送文化、种文化"活动、"星级文明户""好媳妇、好公婆、好儿女""移风易俗模范户"等创评活动,让一个个村镇既有"颜值"又有价值,使农民群众既富了"口袋"又富了"脑袋"。宁夏各市(县、区)下一步将以培育和践行社会主义核心价值观为根本,以美丽乡村建设为主题,进一步深化乡村精神文明建设,着力构建和完善推动乡村精神文明建设工作的长效机制,按照乡风民风、人居环境、文化生活"三个美起来"目标,扎实推动文明村镇创建工作再上新台阶,让文明之花在乡村大地竞相绽放。

近年来,固原市以美丽村庄、美丽小城镇建设为抓手,结合各县各村庄的特点,积极打造"村在林中、人在景中"的优美环境。同时深化文明村镇创建活动,以社会主义核心价值观为引领,坚持创建为民、创建惠民,既把

固原市泾源县大湾乡杨岭村民居（邓娜/摄）

着力点放在引导群众增强致富能力上，又放在淳朴民风建设上，推进乡村志愿服务，不断营造守望相助的和谐人居环境，使乡村精神文明建设水平不断提高。目前固原市已有9个村入选"中国最美乡村旅游模范村"。在宁夏全域旅游推进工作开展以来，固原市以"天高云淡六盘山"为旅游品牌，重点实施乡村旅游扶贫富民等工程，全力推进乡村旅游产业转型升级、提质增效，大力发展乡村旅游。确定市级乡村旅游试点示范村10个，区、市两级乡村旅游示范点13个，休闲农庄30余个、特色农家乐170个（星级农家乐、乡村旅馆100多家），从业人员1.5万人，辐射带动4万多农民致富，出现了以西吉县龙王坝，隆德县新和村、盘龙山庄、神林山庄，泾源县冶家村、园子村，原州区黄土情牡丹基地、柳泉山庄、柳林山庄，彭阳县杨坪村、阳洼村、精英庄园等为代表的乡村旅游集中发展区。

二、用乡愁包装乡村旅游产品

乡愁是古今中外所有人不可避免的家园情怀。正是因为故乡情结是中国人无法割舍的，所以乡愁左右着乡村旅游需求的指向，游客希望在旅游过程中，寻找真正的精神家园。①

（一）打造怀旧的旅游主题

乡愁旅游的主题，并不是"愁"，而是一种内心的怀旧和精神需求，无论

---

① 庄伟光，邹开敏：《关于乡愁旅游的概念与内涵研究》，南方论刊，2020年第1期，第22-25页。

固原市泾源县泾河源镇冶家村旅游集散地（邓娜/摄）

是以何种独有资源作为卖点，都需要避免同质化、档次低、缺乏特色主题的乡村旅游。最好以乡村文化和乡村景观作为核心吸引力，以"怀旧"为切入点，即突显区域的原生感、乡土感、回归感、田园感、古味感。将"怀旧"作为产业、环境、产品、建筑、民俗、设施、管理等规划的统领，能够使新乡村建设保持具有吸引力的古朴风貌，重现记忆中的乡村生活，形成系统的旅游主题，为游客提供各式怀旧旅游路线，唤起游客对乡村生活的集体记忆，使乡村旅游能够最大化吸引游客的并消费，并满足游客的怀旧需求。

（二）保留传统的村落风貌

乡愁旅游也是一种地域文化旅游，游客通过对地方建筑、美食、手艺、风俗和生活的体验，在感受当地传统文化的过程中，回想自己的精神家园，找到自己的感情归属。人们去乡村旅游，为的就是寻找记忆中的乡村风貌，所以保留过去的村落风貌和村落环境改造是乡愁旅游环境营造的重要内容。保护传统的村落风貌，就是保护乡土文化的物质载体。维护古镇、古村落、古民居等历史风貌，避免大拆大建，大力发展有历史文化记忆和地域民族特色的美丽乡村。

位于崇岗镇的暖泉村拥有多处古代遗迹遗存。村南有汉代廉县遗址、汉墓群址，村西有西夏古墓群，昊王渠自南向北穿过，国家级保护文物西峰沟

固原市泾源县大湾乡杨岭村村史馆（邓娜/摄）

烽火台、石墙、岩画，高伏沟暖泉烽火台、石墙、岩画，这些国家、区市县级保护文物是暖泉村宝贵的历史文化资源。暖泉村沿山一带，即高伏沟至西峰沟内有多处遗存的岩画。贺兰山岩画属全国重点文物保护单位，是中国游牧民族的艺术画廊。贺兰山在古代是匈奴、鲜卑、突厥、回鹘、吐蕃、党项等北方少数民族马牧游猎、生息繁衍的地方，他们把生产生活的场景凿刻在贺兰山的岩石上，来表达对美好生活的向往和追求。西峰沟岩画在贺兰山岩画中占有很重要的位置。

（三）打造乡村"沉浸式"体验的特色产品

乡愁旅游是一种精神追求，不是走走看看，而是深层体验。正因为有着这样的市场需求和变化升级，乡村旅游的形式逐渐走出农家乐、采摘园的单一模式，开始向体验原汁原味的乡村生产生活转化，这正是乡愁旅游不同于其他形式乡村旅游的突出特点之一。如现在流行的能让人们忆苦思甜的农事生产体验、充满乡野风味的乡土餐饮、让城里人向往的绿色有机农产品、提倡回归田园生活的休闲度假等，这些旅游形式使农产品由过去的生产销售向现在的原地消化的消费升级。

乡愁旅游是一种地方感体验旅游，尤其是对地域文化的体验。简单地将乡愁中的"乡"理解为故乡或家乡是一种狭义的认识，是仅从地理视角上来理解。实际上，从文化角度来看，乡愁中的"乡"还有"乡土味"的意思，即"地方感"。因此，从这个意义上讲，乡愁体验也是一种地方感体验，尤其是对能构建出地方感的地域文化的体验。无论城市还是乡村，每个旅游目的地都承载着或多或少的乡愁，虽然其具体的表象不同，但它们都具有一个共同点，那就是带有鲜明的地域符号，能显著区别于其他地方的、独具特色的文化标识。[①] 住窑洞、采摘、干农活等都是游客非常热衷的体验形式，直接参与到农民的劳作中，能让游客有身临其境的感觉。

　　随着城镇化进程的不断加快，那些能够彰显地区特点的特色文化正在逐步消失，除了一些有固定形态的文化资源得到了有效保护外，一些无形的非物质文化、民俗传统文化等在当地居民的生活、生产和行为表现中正在逐渐消失。同时，有些已经被用来开发旅游的地域文化资源，却没有得到有效的利用，弊端百出。主要是其表现形式单一、千篇一律、文化内涵不足，缺乏游客与文化的深入互动体验，因此亟待对承载有乡愁的优秀地域文化资源进行创新性和深入性旅游开发。各地应结合本地实际情况，深挖地域文化中的旅游资源，推动地域文化与创意和科技手段的融合，使地域文化旅游项目既能反映出当地历史文化的真实面目，给游客以启迪，又能满足游客的消费喜好和旅游目的，对于发展乡愁旅游具有十分重要的意义。

（四）焕发传统乡土民俗新风貌

　　对乡风文明的怀念是人们乡愁意识觉醒的重要内容，基于传统乡村文化的活态化进行产品包装，将乡土民俗参与化、休闲化、符号化，不仅能在新农村建设中保持乡村自身的文化精髓，又能使游客获得更高层次的乡愁需求的满足。[②] 开展好节庆活动，通过在各类传统节日期间组织开展各类民俗文化

---

① 庄伟光，邹开敏：《关于乡愁旅游的概念与内涵研究》，南方论刊，2020年第1期，第22-25页。
② 张朝：《乡愁旅游引导下的美丽新乡村建设要点》，中国旅游报，2016年。

活动吸引游客，让节日更富人文情怀，让乡村更具情感寄托。

例如，西吉的龙王坝村，有传统婚礼的表演，让游客可以在景区重温过去的婚礼习俗；镇北堡以西夏历史文化、影视文化、边塞文化、农耕文化为依托，将地方曲艺、民艺民俗等进行深入挖掘，成立了镇北堡悦民秦腔剧团、社火队，每年春节期间组织社火巡游、秦腔惠民演出等，为镇北堡镇五万余村民及游客送上文化大餐；大武口的龙泉村博物馆，有农民耕作用的耙犁子，有农家绣品虎头鞋，有汉代的酿酒陶罐，有新中国成立初期的粮票。充分展示了大武口地区丰富的文化底蕴和民俗文化的无限魅力。

（五）保证主客共享理念

乡村旅游不同于城市旅游，乡村旅游是游客到村民生产生活的地方，甚至同吃同住。而乡愁旅游不是走马观花，多数需要住几日，这就需要打造宜居宜旅的新型特色旅游乡村。新型特色旅游乡村，不是修建传统景区或大搞乡村片面城镇化，而是要创造一个村民与游客和谐共存的生活空间。因此，在满足游客需要的同时，通过旅游开发和乡村建设，让当地农民的生活水平得到提升，拥有比之前更高标准的交通、通信等基础设施以及卫生、商业、文体等生活服务设施，农民生活条件得到有效改善。如此，才能保障游客的旅游体验。

田园风光首先是农民的，其次才是游客的。游客通常会选择在乡村小住数日，这就需要和村民打交道，在同一个社区空间共处。所以在乡愁旅游中，要特别注重游客与当地村民的互动。村民在有意和无意中，就向游客全方位展示传承在他们身上的地方记忆、地方手艺、地方风俗和地方情感，这正是游客体验乡愁的途径。所以乡村的外在环境和内在文化，都是主客共享的，是与城市旅游完全相反的旅游体验。

三、乡愁旅游的形式

（一）以古朴个性的乡村景观吸引游客

向往乡村生活的人，留恋的不仅仅是乡间的田园风光，还有遗留下来的乡村景观。不同于城市建筑，乡村的建筑自成一种古朴美，一般保留了当地的传统建筑技术和艺术文化，蕴含着独特的地域文化，是村落精神文明外在的体现。乡村景观相对于城市景观而言，它是乡村地区范围内，经济、人文、社会、自然等多种现象的综合表现。所谓的乡村景观，是指具有特定景观行为、形态、内涵和过程的景观类型，是聚落形态由分散的农舍到提供生产和生活服务功能的集镇所代表的地区，是土地利用以粗放型为特征、人口密度较小、具有明显田园特征的景观区域。[①]建筑风格是历史的记忆，它的每一块砖、每一片瓦、每一处细微的雕琢修饰，都蕴藏着祖先的影子，反映出先辈的情感、苦难和生活的足迹。乡村的建筑不同于城市景观，不同于文化古迹、风景名胜，它把乡村风貌与乡风文明融合在一起，不仅能让村落更具美感，又因容易引起游客的情感共鸣而更具吸引力。

（二）遵循产景一体的农业产业升级

具有当地特色的农业景观是开展乡愁旅游不可或缺的部分。如辽宁省盘锦市的大洼区，就走出了一条产景一体的农业产业。农业产业是乡村地区的核心产业，对于新农村建设来说，要脱离初级的农业生产销售套路，通过培育多元、复合的农业产业链、衍生链来实现农业产业结构的升级，达到农民收入结构升级的目的。综合考量作物的经济效益和观赏价值，种植亦农亦景的作物，通过开展传统农事体验、农业观光、古法农产品深加工等乡愁体验活动，可以使一产、二产、三产就地结合，充分拓展农业收入渠道，产景一体，起到改善乡村风貌、增加农民收入的作用。[②]宁夏也有同样的发展优势，种植枸杞不仅可以销售，还可以发展枸杞园观赏旅游。已经小有名气的公共品牌富硒黄花菜，不仅提供了就业岗位，吸引了游客观赏，还发展了经济。

---

① 张珈彬：《文化遗产视角下的乡土景观》，现代园艺，2012年，第59—60页。
② 田继胜：《全域旅游导向下的大洼区美丽乡村规划提升研究》，沈阳建筑大学，2018年。

（三）强化村民参与的旅游业态选择

乡愁旅游的业态选择应充分考虑当地村民的参与性，让乡村变成创业的福地。一些由农民自主经营的农家乐、采摘园、需要大量劳动力的乡村酒店等，有利于形成发展乡愁旅游与提高农民收入水平紧密结合的良好业态。充分发挥民间艺术资源，发挥文化能人、民间艺人的作用，组建群众文艺队伍。广泛动员农民参与，不仅是"农民演给农民看"，还可以演给游客看，将道德教化与文艺结合起来，使表演者和观众都能受到教育。多培育以当地村民为主体提供服务运营的业态，能够有效吸引农民返乡创业，在让游客体会到浓厚乡音乡情、更加愿意停留消费的同时，能够有效解决乡村就业，激发乡村经济和社会活力，推进美丽新农村建设的可持续发展。

第三节 乡村旅游促进农民富裕

在乡村振兴战略下，农民富裕是根本，而乡村人口的流失，让致富难度陡增，要留住农民，需要引导其进行创业。在大力推进乡风文明建设之后，必然促进产业兴旺，保住青山绿水的方式就是发展乡村旅游。通过深入挖掘宁夏的山水生态、农事体验、特色种植等旅游资源，大力发展以乡风文明为主的乡村旅游，将久违的乡音、乡俗、乡情、乡礼和乡味推广出去，大力开发田园观光、采摘垂钓、民俗体验、乡村旅居、研学旅游等乡村旅游形式，打造第一、二、三产业融合发展的美丽休闲乡村，使乡村旅游助推村民创业增收。

一、以创新模式发展乡村旅游

（一）要重视旅游产业的发展

《国务院办公厅关于进步促进旅游投资和消费的若干意见》指出："旅游业是我国经济社会发展的综合性产业，是国民经济和现代服务业的重要组成部分。通过改革创新促进旅游投资和消费，对于推动现代服务业发展，增加就业和居民收入，提升人民生活品质，具有重要意义。"激活农旅融合创新优势，就是在做大做强农业产业的同时，不失时机地大力发展旅游产业。

大力发展旅游业，就是要全面贯彻落实《国务院办公厅关于进步促进旅游投资和消费的若干意见》。《意见》提出了六方面、二十六条具体措施。一是实施旅游基础设施提升计划，改善旅游消费环境。着力改善旅游消费软环境，完善城市旅游咨询中心和集散中心，加强连通景区道路和停车场建设，加强中西部地区旅游支线机场建设，大力推进旅游厕所建设。二是实施旅游投资促进计划，新辟旅游消费市场。加快自驾车、房车营地建设，推进邮轮旅游产业发展，培育发展游艇旅游大众消费市场，大力发展特色旅游城镇，大力开发休闲度假旅游产品，大力发展旅游装备制造业，积极发展"互联网+旅游"。三是实施旅游消费促进计划，培育新的消费热点。丰富提升特色旅游商品，积极发展老年旅游，支持研学旅行发展，积极发展中医药健康旅游。四是实施乡村旅游提升计划，开拓旅游消费空间。坚持乡村旅游个性化、特色化发展方向，完善休闲农业和乡村旅游配套设施，开展百万乡村旅游创客活动，大力推进乡村旅游扶贫。五是优化休假安排，激发旅游消费需求。落实职工带薪休假制度，鼓励错峰休假，鼓励弹性作息。六是加大改革创新力度，促进旅游投资消费持续增长。加大政府支持力度，落实差别化旅游业用地用海用岛政策，拓展旅游企业融资渠道。

2016年1月27日，中共中央、国务院发布了《关于落实发展新理念加快农业现代化实现全面小康目标的若干意见》，《意见》再次提出大力发展休闲农业和乡村旅游。要依托乡村绿水青山、田园风光、乡风文明等资源，大力发展休闲度假、旅游观光、养生养老、创意农业、农耕体验、乡村手工艺等，使之成为繁荣乡村、富裕农民的新兴支柱产业。要强化规划引导，采取以奖代补、先建后补、财政贴息、设立产业投资基金等方式扶持休闲农业与乡村旅游业发展，着力改善休闲旅游重点村进村道路、宽带、停车场、厕所、垃圾污水处理等基础服务设施。要积极扶持农民发展休闲旅游业合作社。引导和支持社会资本开发农民参与度高、受益面广的休闲旅游项目。要加强乡村生态环境和文化遗存保护，发展具有历史记忆、地域特点、民族风情的特色小镇，建设一村一品、一村一景、一村一韵的魅力村庄和宜游宜养的森林景区。要依据各地具体条件，有规划地开发休闲农庄、乡村酒店、特色民宿、自驾露营、户外运动等乡村休闲度假产品。要实施休闲农业和乡村旅游提升工程、振兴中国传统手工艺计划。要开展农业文化遗产普查与保护。支持有条件的地方通过盘活乡村闲置房屋、集体建设用地、"四荒地"、可用林场和水面等资产资源发展休闲农业和乡村旅游。将休闲农业和乡村旅游项目建设用地纳入土地利用总体规划和年度计划合理安排。

党中央、国务院的一系列规定，将发展乡村旅游产业提到了一个新的高度，也提出了明确的发展方向和措施。发展乡村旅游产业，就是要按照党中央和国务院的指示，因地制宜地做好规划，有的放矢地采取措施，在政府的引导和协调下，让农民转变观念，认识发展乡村旅游产业的意义和价值，增强信心，自觉投入。

近年来，宁夏平罗县在发展乡村旅游产业时，通过开展典型示范、打造服务平台、推介创意精品等工作，着力推动休闲农业和乡村旅游的深度融合。他们以休闲农业评星定级活动为抓手，积极开展现代农业示范创建，着力把设施蔬菜、沙漠瓜菜、优质水稻等特色农业基地打造成为采摘观光园、民俗家访点等休闲观光农业示范点，实现特色产业与休闲农业及乡村旅游业融合发展。

成立全县休闲农业协会，组织各休闲农业企业负责人在区内外进行观摩交流，以开阔思路、增长见识、改造提升。同时，举办休闲农业从业人员培训班，对休闲农业管理人员、职业经理人、普通服务人员进行管理运营、产品营销、服务提升等层次多样、内容丰富、针对性强的专业培训，推动诚信、安全经营，加强行业自律，提升服务内涵。

依托全域旅游优势，通过举办大漠桃花节、沙漠文化旅游节、牦牛节、西瓜节等活动，积极宣传推介精品休闲农业示范点，吸引游客，打响品牌，扩大休闲农业与乡村旅游的影响力和知名度。

（二）激活农旅融合创新优势，要在创新上下功夫

没有创新就没有农业产业与旅游产业的深度融合，而文化产业作为农业产业与旅游产业深度融合不可缺少的环节，尤其要重视创新。在新旧动能转化的关键期，文化产业，特别是旅游产业充满生机，而生机的源泉就是创新。

当前旅游产业规模不断扩大，融合性不断增强，市场竞争激烈，做好旅游离不开创意。创意先行，技术赋能，掌握新技术就拥有了制高点，虚拟现实、5G等新技术是发展乡村旅游产业的新抓手。增加旅游产品的差异化和多元化，可以有效地刺激消费，拉动乡村旅游产业发展。

创新，首先是观念的创新。宁夏南部山区，旅游业发展滞后，与其观念落后有着直接的关系。在当地人的心目中，旅游是对时间和金钱的浪费，是不务正业的表现。几世几代人生活在传统农业的环境中，不仅局限了他们的眼界，也局限了他们的思维。视传统农业为万古不变的生存根本，视发展乡村旅游业为天方夜谭。这种陈旧的观念必然阻碍了农业与旅游业的发展，更阻碍了农业与旅游业的深度融合。突破这种落后观念，是激活农旅融合创新优势需要解决的首要问题。何况别出心裁的发展理念，是一个项目的灵魂。它虽不能带来直接的经济效益，却可决定项目可持续发展的前景。

创新，尤其要注重品牌的创新。品牌创新要做到人无我有，人有我优，人优我新，人新我特。要立足于当地现实，瞄准市场需求，避开竞争强手，规划好自己独特的发展目标。品牌是心灵的烙印，通过品牌，能够提升项目地的形象，提高地块的潜在价值，形成巨大的无形资产。《国务院办公厅关于进一步促进旅游投资和消费的若干意见》明确提出，要"坚持乡村旅游个性化、特色化发展方向。立足当地资源特色和生态环境优势，突出乡村生活生产生态特点，深入挖掘乡村文化内涵，开发建设形式多样、特色鲜明、个性突出的乡村旅游产品，举办具有地方特色的节庆活动。注重保护民族村落、古村古镇，建设一批具有历史、地域、民族特点的特色景观旅游村镇，让游

客看得见山水、记得住乡愁、留得住乡情"。

创新,要强调低碳环保、有机乐活的生态理念。低碳生活不只是城市提倡的,在乡村同样需要提倡。中共中央、国务院2016年发布的《关于落实发展新理念加快农业现代化实现全面小康目标的若干意见》提出,要遵循乡村自身发展规律,体现乡村特点,注重乡土味道,保留乡村风貌,努力建设农民幸福家园。要继续推进乡村环境综合整治,扩大连片整治范围。实施乡村生活垃圾治理专项行动,加快乡村生活污水治理和改厕。全面启动村庄绿化工程,开展生态乡村建设,推广绿色建材,建设节能农房。开展乡村宜居水环境建设,实施乡村清洁河道行动,建设生态清洁型小流域。

创新,要突破一家一户小农经济思想,加快农业型休闲庄园建设。农业型休闲庄园建设要追求现代、时尚、产供销一条龙。要从产业化角度考虑,合作共建,互利共荣,走大农业、大集体、大市场的路子。以云南省万家欢蓝莓庄园为例,他们认为要脱离初级农产品的发展模式,延伸农业产业链条;要通过农产品的研发、种植、深加工、包装、储藏、物流运输、销售等一系列活动实现产业化的发展,形成农庄的核心产业基础。[①] 休闲农业规划项目要能够整合资源,向旅游业、地产业等方向发展,实现产业融合。对旅游产业和房地产产业的开发与引入,要遵循"农业为基础,旅游创品牌,地产求收益"的原则,分期投资,逐步发展。要按照中共中央、国务院《关于落实发展新理念加快农业现代化实现全面小康目标的若干意见》提出的要求,"促进农业产加销紧密衔接、乡村一、二、三产业深度融合,推进农业产业链整合和价值链提升,让农民共享产业融合发展的增值收益,培育农民增收新模式。支持供销合作社创办、领办农民合作社,引领农民参与乡村产业融合发展、分享产业链收益。创新发展订单农业,支持农业产业化龙头企业建设稳定的原料生产基地,为农户提供贷款担保和资助订单农户参加农业保险。鼓励发展

[①] 孙新宇,刘志敏:《生态型休闲农庄品质打造核心问题解读——以云南万家欢蓝莓庄园为例》,中国乡镇企业,2012年第3期,第72-75页。

股份合作，引导农户自愿以土地经营权等入股龙头企业和农民合作社，采取"保底收益+按股分红"等方式，让农户分享加工销售环节收益，建立健全风险防范机制。加强农民合作社示范社建设，支持合作社发展农产品加工流通和直供直销。"

在国家"大农业""大旅游""大文化"等政策倡导背景下，创造性地将农业产业、旅游产业、文化产业三者进行有机融合，在推进农、旅、文一体化发展的基础上，进一步提升休闲农业发展水平，创新休闲农业未来之路，是一种大胆的尝试，也是产业融合发展的新要求、新趋势。

二、乡村旅游实现农民增收

发展乡风文明，直接促成的成果就是产业兴旺。在多年的乡风文明建设后，乡村早已大变样，不再是"面朝黄土背朝天"的经济发展模式，而是在国家的号召下，提高自身素质，诚信发展，形成有凝聚力的乡村社会。依托休闲农业，促进其与乡村旅游的融合，这成为实现农业增效、农民增收、乡村增绿的有效途径，是打赢脱贫攻坚战、全面建成小康社会的重要举措。近年来，宁夏积极发展休闲农业，涌现出了一批各具特色的休闲农业典型，发展休闲农业已成为农业乡村经济发展的新业态。对此，宁夏回族自治区乡镇企业经济发展中心农业经济师曹晓玲在《宁夏休闲农业发展存在的问题及对策建议》一文中进行了客观的论述。

近年来，宁夏回族自治区党委政府根据区情农情，制定了扶持休闲农业和乡村旅游业发展的政策意见，明确了"以奖代补""贷款贴息"等扶持政策。在市场拉动、政策推动、创新驱动、政府带动下，宁夏休闲农业快速发展，从而提升了规模经营效益。布局结构不断优化，又促进了乡村旅游业发展初步形成了贺兰山东麓以葡萄酒为主题的生态休闲农庄群、沙坡头和沙湖旅游区外围以旅游接待为主的"农家乐"群、石嘴山—银川—吴忠沿河沿湖"渔家乐"群和泾源县以旅游接待为主的"农家乐"专业村；建成了银川森森生态园、新牛庄园、红柳湾山庄、万义山庄、兰一山庄、贺兰园艺产业园、青铜峡金沙湾现代农业园、吴忠吉水湾自驾游营地、惠农金岸红柳湾山庄、西吉龙王坝龙泉湾山庄等休闲农业场所，形成了集吃、住、行、游、种、摘、购、娱于一体的休闲农业产业链，开辟了推进"四化两型"建设的新路径。品牌建设取得新进展，成为现代农业新样板。培育了一批"国家品牌"的休闲农业，其中，黄河金岸和贺兰山东麓被确定为全国休闲农业精品线路；银川市西夏区、金凤区，银川市贺兰县、永宁县、吴忠市利通区、石嘴山市平罗县、固原市彭阳县被评为全国休闲农业示范点。

（一）发展乡村旅游有助于创业增收、生活美的实现

乡村旅游使村民成为旅游从业者，村民可以通过自主创业、开办各式文创小店、加工纪念品等方式增收，还可以通过参与乡村旅游项目的入股分红增收。

西吉县龙王坝村作为自治区旅游扶贫重点村和特色产业示范村，通过实施"1234"脱贫模式，为208个建档立卡贫困户解决了就业，实现全村人均纯收入达8100元，走出了一条南部山区落后村庄变宜居宜游宜商美丽乡村的乡村脱贫致富发展新路子，先后获得"全国旅游创客基地""中国最美休闲乡村""全国生态文化村""中国第四批宜居乡村"等众多荣誉。被评为五星级农家乐的隆德县神林山庄，走"合作社+农户旅游扶贫"模式，共安排当地12户建档立卡贫困户在山庄就业，人均年收入达2万元以上。

近几年，宁夏乡村旅游在农民致富上的优异表现充分证明：发展乡村旅游已成为乡村发展、农业转型、农民致富的重要渠道，成为撬动乡村振兴的重要力量。乡村旅游已成为我区文化旅游产业的亮丽名片，成为宁夏全域旅游的支柱产业，成为宁夏农民脱贫的生力军，成为乡村振兴的生力军。乡村旅游的蓬勃发展势头和对经济社会发展的突出贡献更昭示着乡村旅游的美好未来。

三、科学规划发展乡村旅游

随着社会经济的飞速发展，人们的收入水平提高了。在解决温饱之后人

们对吃穿以外的精神追求日益增多，这是农业发展的主要基础。与此同时，节假日的增多、双休日的实行，为人们外出休闲观光旅游提供了大量的时间。

乡村旅游产业就是要通过乡村休闲旅游产业的发展，丰富乡村旅游产品，做大做强乡村观光旅游业、休闲旅游业、养老旅游业、乡土特色旅游产品、创意旅游产品等，吸引更多的资本、技术和人才到乡村去。发展乡村旅游，加强乡村自然生态和文化生态环境的保护，留住青山绿水和田园风光。那么，通过发展旅游保护提升农耕文明，保护传承优秀传统文化，并通过吸收现代文明，进一步提升农民的受教育程度、文化素养和精神面貌；治理有效是重要保障，通过乡村旅游的引领作用，健全自治、法治、德治相结合的乡村治理体系。生活富裕是根本要求，就是要通过社区农民对当地旅游发展的参与，解决他们的就业问题，大幅提升他们的生活水平。

目前乡村旅游业的发展正处在起步阶段，党中央、国务院已发出了一系列指导性意见。这些意见既是对发展乡村旅游业的总动员，也是对乡村旅游业的总部署。乡村旅游业正是在这一系列文件的指导下开始蓬勃发展。

推进乡村旅游快速发展，要全面贯彻落实党的十九大精神。党的十九大报告明确提出要坚持农业乡村优先发展的要求。这个要求就是到2020年乡村振兴要取得重要进展，2035年乡村振兴要取得决定性进展，2050年乡村振兴要全面完成目标任务。

乡村旅游业的发展必须以乡村振兴为基础。乡村振兴是社会主义现代化建设宏伟事业的重要组成部分。社会主义现代化是包含农业乡村现代化、乡村治理体系和治理能力现代化等在内的全面现代化。党的十九大明确了到2020年全面建成小康社会，到2035年基本实现社会主义现代化，到2050年建成富强民主文明和谐美丽的社会主义现代化强国，这是关系我国社会主义现代化建设事业全局的战略安排，也是实施乡村振兴战略目标任务的根本依据。振兴乡村必须把握好这些重大时间节点，科学规划好发展目标，稳步推进和落实党中央的战略部署。

目前，乡村发展不平衡不充分的问题最为突出，这一状况决定了实施乡村振兴战略不是一朝一夕、一蹴而就的工作。我们要保持战略定力，保持清醒头脑，严格按照"坚持党管乡村工作，坚持农业乡村优先发展，坚持农民主体地位，坚持乡村全面振兴，坚持城乡融合发展，坚持人与自然和谐共生，坚持因地制宜、循序渐进"的基本原则，科学规划，注重质量，从容建设，久久为功。

振兴乡村要在系统性和融合性上下功夫。系统性就是要使得乡村的经济建设、政治建设、文化建设、社会建设、生态文明建设得到全面提升。在战略上将这"五位一体"的发展过程划分为三个前后衔接的步骤，在实施中将其规划为一条条环环相扣的路径，从而展现从顶层设计到具体落实的全局性与系统性。融合性就是要通过实践城乡融合发展，乡村一、二、三产业融合发展，小农户与现代农业发展有机衔接，百姓富与生态美的统一，自治、法治、德治相结合，懂农业爱农民爱乡村等众多体现"融合""协调"精神的理念，分步实现乡村振兴，即在合理制度安排下让各主体的发展能够实现相互融合，从而展现中国传统文化"中和位育"的智慧

（一）推进乡村旅游快速发展，要以科学规划为前提。

乡村旅游是发展全域旅游的重要抓手。要确立发展"一盘棋"格局。目前，乡村旅游规划存在规模偏小、各自为政、缺乏特色、可持续性不强等问题，小打小闹的小农意识，急功近利的冒进意识，直接干扰着乡村旅游业的科学规划；对乡村旅游景点科学化设计、差异化布局，缺乏全局思考；乡村基础设施建设、推进"厕所革命"、乡村人居环境综合整治等与乡村旅游项目，缺乏统筹安排、统一规划；深化旅游资源、旅游线路与乡村特色文化和民俗的融合，思维还不够开阔；建立健全乡村旅游发展体制机制，引导人才、技术和资本等要素参与乡村旅游发展，提高运营管理效率、壮大旅游业规模、打响特色旅游品牌，措施还不到位；协调好村民、企业等各方利益，确保乡村旅游更好地服务于乡村振兴，认识还不到位。针对上述存在的问题，必须要把规划的科学性提上议程。

(二)科学规划的核心是产业发展

没有产业发展的旅游业发展规划是一纸空文。有了产业发展,尤其是农业产业的发展,旅游业才有发展基础;以农业产业化发展带动旅游业化发展,是振兴乡村、发展乡村经济、增加农民收入的方向。所以,科学规划的第一步就是要规划好农业产业的发展。而农业产业的发展又必须要因地制宜发展品牌,要把特色农业放在首位。脱离当地实际、脱离市场需求就不可能创出品牌。品牌是立足于当地的品牌,是具有当地泥土特色的品牌。只有品牌在本土生长,可持续性发展才有了可能。

同时,要规划发展"旅游+农业""旅游+电商""旅游+扶贫""旅游+文化"等新业态,打造高品质、有内涵、个性化、定制化、多元化旅游产品,提升乡村旅游的核心竞争力。充分挖掘和拓展农业的多功能性,发展农产品精深加工和乡村新兴服务业,延伸产业链、衍生新业态、增加附加值,促进一、二、三产业融合发展。

(三)科学规划的基础是公共服务、基础设施

目前,公共服务落后、基础设施落后,是发展乡村旅游业普遍存在的问题。公共服务落后,主要表现在服务人员文化水平低、素质低、服务意识差、服务标准低。所以,发展乡村旅游,必须吸引大批企业家、知识分子、大学生和有志青年到乡村创业。因而,要引导一批跳出农门的优秀学子从离巢拼搏到归巢返乡,成为新型职业农民。要引导乡村本土人才成长,培育一大批懂农业、懂旅游、爱乡村、爱农民的乡村旅游带头人。

脏乱差的村容村貌、基础设施落后的公共场所,都不可能吸引来游客。所以,要坚持城乡融合、整体设计、多规合一的理念,推行村庄集中选址建房,合理规划功能区域,统一路、水、电、气等公共设施。

(四)科学规划的主体是村民

村庄是村民的村庄,产业是村民的产业,景点是村民管理的景点,不把村民放在发展旅游业的主体地位是不行的。所以科学规划就是要突出村民的主体地位,要坚定不移走群众路线,充分调动广大农民群众的积极性、主动

固原市泾源县泾河源镇冶家村公共卫生间

性、创造性。要把开展职业教育、就业培训，增强农民的技能和素质放在科学规划的重要位置。要规划如何引导村民、社会和政府形成合力，共同建设和维护美好家园。鼓励农民创业或入股经营休闲农业和乡村旅游，使休闲农业和乡村旅游成为农民就地就业的重要渠道。

探索建立"党支部+旅游公司+农民合作社+互联网+农户"的利益联结机制，提高农民收入。将乡村分散、闲置的资产资金进行整合，坚持能力互补、信息共享、风险均摊，以规模化效应解决个体农户不易办到、政府部门不能包办的事情，让村民通过资金、土地、林地、劳动力等资源入股，实现资源变资产、资产变股金、农民变股东。

（五）科学规划的灵魂是文化

文化产业关联着农业产业和旅游产业。促进农业产业与旅游产业的融合，必须依赖于文化产业的链接。所以旅游产业的发展，必须注入文化的灵魂。要弘扬孝老爱亲、扶危济困、诚实守信、邻里守望等优秀传统文化；要在推进旅游产业发展中，以农民喜闻乐见的方式，加强对社会主义核心价值观的宣传教育。要保护濒临消失的民俗文化、传统建筑、农耕器具、民间技艺、手工制作、风俗礼仪、风土人情，以活态化方式进行传承和创新，将其转化成为具有地方特色的文化旅游产品；通过主题开发、节庆活动、文化展示、网络营销、互动体验等形式，既产生经济效益，又传承传统文化。将闲置房屋改建成特色民宿，通过建设一批精品民宿的度假村，打造一批乡村旅游度假基地，为住客提供丰富的田园生活体验。

第四节 乡风文明与旅游相互促进

乡风文明的外在是乡风,内在是文明,具体体现在人。没有人生活的景区是没有灵魂的景区,没有农民的参与,就没有乡情、乡音、乡俗和乡礼,发展全域旅游、促进乡村振兴就成为一句空话。要确保乡村旅游开发建设的有序进行,就要通过政府引导、政策激励等方式,鼓励农民投身到乡村旅游经营的相关领域。乡风文明与乡村旅游是相互促进的关系,二者在乡村振兴当中是缺一不可的。培育乡风文明,筑牢广大农民群众的精神家园,有利于营造宽松、文明、充满活力的经济发展环境,为发展乡村旅游提供强大的精神支撑。发展乡村旅游,有利于乡风文明的传承和发扬。

一、营造乡村旅游的和谐环境

(一)完善的基础设施

基础设施不完善是乡村旅游开发中的一个至关重要的问题。过去,乡村旅游基础建设不完善突出表现在交通、电力、通讯、医疗卫生等方面比较落后,从而导致游客苦于交通上的不便放弃出游……可见,乡村的自然条件再优越、民俗文化再深邃,如果基础设施建设拖了后腿,发展乡村旅游也就变成了一句空话。

宁夏回族自治区党委、政府深入贯彻落实党中央、国务院关于振兴乡村、加快乡风文明建设的一系列新规定,新举措,新要求,落实创新、协调、绿色、开放、共享五大发展理念,围绕"环境美、产业美、精神美、生态美"的目标要求,推进美丽乡村建设,从培树典型、打造精品到串点连线、聚点成片,逐渐实现美丽乡村与现代农业、文化产业、乡村旅游和"互联网+"等多种业态融合发展,取得了显著成就。乡村设施和环境大幅改善,水、电、路等基础设施建设不断完善；乡村移动通信信号覆盖率提高了；住房质量和外貌、室内装修大为改善，家用电器种类增多质量不断提高；村庄整体布局逐渐美观，街道垃圾逐渐减少，乡村生活环境和质量不断提高。

（二）提高农民的服务水平

提供乡村旅游服务的主体是当地农民，农民对乡村旅游的认识有限，观念落后，这就很难提高服务质量。乡村旅游的管理也普遍存在着管理者素质不高、经营管理水平低、管理不够规范、开发中缺乏保护意识、重设施建设轻服务环境营造等诸多问题。乡风文明能优化乡村人文社会环境，激励人们崇德向善、尊老爱幼、爱国爱乡，促进社会和谐稳定。实践证明，培育文明乡风有助于改变广大农民精神风貌，使乡村更加充满生机活力；有助于促进社会公平正义，营造和谐有序的社会环境；有助于形成健康文明的生活理念和生活方式，促进人的全面发展。① 乡村旅游是集吃、住、行、游、玩为一体的体验旅行，对服务水平要求较高，唯有从精神深处改变村民，才能真正提高服务质量。

宁夏在提高物质文明的同时，乡风文明建设也取得了新的成就。乡村文化基础设施建设不断增多，图书馆、阅览室、科技推广站等设施逐渐建立和完善；精神文化活动丰富多彩，各种文化演出不断增多，不良社会风气逐渐减少，农民精神面貌积极向上，社会和谐程度不断提高。

营造乡村旅游和谐环境，要充分发挥政府的支持和指导作用。在乡村旅游发展的初期阶段，政府政策的鼓励和扶持是必要而有效的。其主导作用主要应体现在观念先导、宏观指导、政策引导，完善和改革旅游管理体制提供必要的资金、技术、政策支持，营造良好的旅游发展环境等方面。

二、乡村旅游促进乡风文明资源利用

振兴社会主义新乡村，发展乡村旅游业，要以促进乡风文明资源的利用。

---

① 孔祥智：《乡村振兴的九个维度》，广州：广东人民出版社，2018年。

乡风文明资源涵盖在乡村文化资源中。乡村文化是个大概念，它包括农民在共同生活中形成的道德情感、社会心理、风俗习惯、是非标准、行为方式、理想追求等，表现为民俗民风、物质生活与行动章法等，它集中表现出乡民的处事原则、人生理想以及对社会的认知模式等，是乡民生活的主要组成部分，也是乡民赖以生存的精神依托。而乡风文明从宏观上讲就是新时代我国乡村实施的社会主义物质文明、政治文明、精神文明这三大文明建设。

党的十八大以来，以习近平同志为核心的党中央坚持把解决农业、乡村、农民问题，建设社会主义新乡村作为重中之重，作出了一系列富有创见的科学论断。这些论断，为以美丽乡村建设为主题深化乡村物质文明、政治文明、精神文明建设指明了前进方向、提供了根本遵循。

但是，目前乡风文明建设还存在一些不容忽视的问题，这集中表现在乡村的生产、生活、生态方面，而反映在乡村旅游业发展上就是农业产业结构不合理，作物规模种植水平不高，新型农业发展还比较落后；基础设施建设不完善，突出表现在交通、电力、通讯、医疗卫生等方面的建设水平不高；农民的文化水平不高，乡村文化形式单一，农民群众对文化活动的认同意识相对薄弱，参与度还不够，文化能人的作用发挥不明显，正确的文化引导力度不够，部分群众思想还深受传统不良因素的影响；乡村民俗风情旅游资源面临着消失和破坏的威胁，民俗文化的抢救和保护工作严重滞后。这些问题都有待我们在开发乡村旅游工作中积极发现和改善。

要加强思想道德教育，引导乡村群众强化社会主义核心价值观。要针对乡村群众文化水平不高、理解能力有限的实际，在深入挖掘乡村传统道德教育资源的基础上，采取符合乡村群众特点的有效方式，以弘扬社会主义核心价值观为主线，广泛宣传习近平新时代中国特色社会主义思想，引导广大群众认识到"新时代要有新气象新作为"的内在要求。同时，要强力推进爱国主义、集体主义、社会主义教育和社会公德、职业道德、家庭美德、个人品德建设，大力弘扬民族精神和时代精神，倡导诚信立身的良好风气，从而强化农民的社会责任意识及创新发展意识。全力塑造出新时代旅游环境中新一代农民的新形象。

促进乡风文明资源的利用,要传承发展乡村优秀传统文化。《中共中央国务院关于实施乡村振兴战略的意见》指出,要"立足乡风文明,吸取城市文明及外来文化优秀成果,在保护传承的基础上,创造性转化、创新性发展,不断赋予时代内涵、丰富表现形式。切实保护好优秀农耕文化遗产,推动优秀农耕文化遗产合理适度利用。深入挖掘农耕文化蕴含的优秀思想观念、人文精神、道德规范,充分发挥其在凝聚人心、教化群众、淳化民风中的重要作用。划定乡村建设的历史文化保护线,保护好文物古迹、传统村落、民族村寨、传统建筑、农业遗迹、灌溉工程遗产。支持乡村地区优秀戏曲曲艺、少数民族文化、民间文化等传承发展"。

我们有长城,有烽燧,有民俗文化资源,有神话传说、有黄河灯阵、有传统节日,还有红色文化资源,有书法、绘画、摄影、诗词,尤其是农耕文化资源,底蕴深厚,这都为我们开发、发展乡村文化旅游提供了坚实基础。所以,我们要结合乡村的实际,积极吸收外来文化的优秀成果,深入挖掘和传承本地的农耕文化、民居文化、游牧文化和家族文化,精心打造村史室、民俗馆、文化墙等文化场所,不断赋予村史、民俗、家风、祖训等传统新的时代内涵,丰富其表现形式,并结合传统农耕文化遗产的开发、保护与作用,广泛开展传统文化的宣传讲座和移风易俗的宣传教育,使传统文化的先进观念、人文精神、道德规范等更好地发挥凝聚人心、教化群众、淳化民风的作用。从而使当地的传统文化在新时代的乡村旅游业中发挥独特作用。

促进乡风文明资源的利用,要加强乡村公共文化设施建设。《中共中央国务院关于实施乡村振兴战略的意见》指出,要"按照有标准、有网络、有内容、有人才的要求,健全乡村公共文化服务体系。发挥县级公共文化机构辐射作用,推进基层综合性文化服务中心建设,实现乡村两级公共文化服务全覆盖,提升服务效能。深入推进文化惠民,公共文化资源要重点向乡村倾斜,提供更多更好的乡村公共文化产品和服务。支持'三农'题材文艺创作生产,鼓励文艺工作者不断推出反映农民生产生活尤其是乡村振兴实践的优秀文艺作品，充分展示新时代乡村农民的精神面貌。培育挖掘乡风文明本土人才，开展文化结对帮扶，引导社会各界人士投身乡村文化建设。活跃繁荣乡村文化市场，丰富乡村文化业态，加强乡村文化市场监管"。

习近平总书记指出，乡村振兴既要塑形，也要铸魂。文化建设就是铸魂工程，文化可以直达人心，其影响力更广泛、更久远、更深刻，文化与旅游一脉相承，不可分割。因此，要推动文化与旅台发展，要在规划、建设、的全流程中重视文化作用，突出文化元素、文化特色，提升文化品位。各地应按照有标准、有网络、有内容、有人才的要求，结合文化惠民工程，继续加大乡镇文化活动中心、农家文化大院、农家书屋等设施建设，实现乡村两级公共文化服务全覆盖。同时，要适时组织城区的各级文明单位或机关事业单位开展对口帮扶，为乡村捐赠相关文体设备。各文艺院团要结合"送戏下乡"活动的开展，除送上群众喜欢的剧目演出外，还要帮助乡村组建农民文艺团队，指导其自编自导自演一些展现新时代乡村农民新面貌的文艺节目，进而活跃繁荣乡村文化市场，丰富农民业余文化生活，丰富乡村旅游业的内涵，增强乡村旅游业的活力，实现乡村旅游业的可持续发展。

促进乡风文明资源利用，要在持续加强融合发展上发力。《中共中央国务院关于实施乡村振兴战略的意见》明确指出，要构建乡村一、二、三产业融合发展体系。融合是为了互补，融合是为了促进，在融合中发展是可持续性发展。要树立综合、多元、一体化发展理念，延长乡村文化旅游链条，提升乡村文化旅游品位，增强乡村文化旅游魅力，满足社会大众多种需求。乡村旅游业开发要与农事活动相结合，根据时令变化，开发种植、喂养、收割、采摘、加工等农事，积极引导游客在游览中品味，在参与中体验，在劳作中享受。结合民俗客栈、家庭旅馆、野营帐篷建设，打造吃农家饭、住农家屋、干农家活、享受农家乐的特色文化旅游品牌。要与产品开发相结合，在做精做优做大现有产品的上，必需要不断研发新产品，培育新的吸引力和增长极。丹霞绿洲、峡谷湿地、雪域冰川、沙漠草原等都是大自然的恩赐，这为发展乡村文化旅游提供了十分难得的先天条件，要将生态、经济、文化、旅游有机结合起来,努力打造经济、社会、生态、人文协调发展的新样板,创出乡村旅游业的特色之路。

总之,在实施乡村振兴战略,发展乡村旅游业的进程中,各地和各级领导干部都要以高度的政治责任感,充分认识到乡风文明建设的重要性,着力抓好农民的思想道德建设和乡村的公共文化建设,不断传承发展乡村优秀传统文化,广泛开展移风易俗行动,使广大乡村焕发出生产发展、生活宽裕、乡风文明、村容整洁、管理民主的喜人景象。

三、发展乡村旅游是推进乡风文明建设的有效途径

以乡风文明为核心发展乡村旅游的根基是乡村文化,乡村文化是乡村居民在农业生产、生活、实践中逐步形成并发展起来的道德情感、社会心理、风俗习惯、是非标准、行为方式、理想追求等,表现为民俗民风、物质生活与行动章法等,反映了乡村居民的处事原则、人生理想以及对社会的认知模式等,是乡村居民生活的主要组成部分。乡村旅游最吸引游客之处不仅是乡村田园风光,还是承载着乡音、乡土、乡情的古朴乡村生活,是现代都市人的向往之所。

(一)发展乡村旅游有助于乡风文明的传承和弘扬

习近平总书记说:"优秀传统文化是一个国家、一个民族传承和发展的根本,如果丢掉了,就割断了精神命脉。"发展乡村旅游,尤其是特色文化旅游,有利于增加文化的互动交流,有助于乡风文明的传承和弘扬。与此同时,需要注意的是,在开发旅游的过程中,要避免对传统文化的侵害和一刀切式的开发方式,要做到取其精华,去其糟粕。还可以通过发展乡村生态旅游使农民增强环保意识,增强继承和保护本地文化特色的重要性意识,更注重村容村貌,变被动保护为主动保护。在政府主导下通过实施生态工程,制定合理、切实可行的科学规划,将促进旅游地大环境的改善。同时,还将促进乡风文明和村容整洁,促进社会主义和谐。

(二)发展乡村旅游有助于带动相关产业的发展

乡村旅游能够有效地拓宽农业功能、延伸农业产业链。通过依托乡村旅

游景点景区，发展农家乐，实现蔬菜、水果、禽蛋、肉类等农副产品就地生产、就地销售，从而有效带动乡村传统手工业、生态农业、交通运输业的发展；同时，利用废弃民房发展精品民宿，促进旅游住宿与餐饮业以及房地产等相关产业发展。

（三）发展乡村旅游有助于乡风文明素质美的实现

乡村旅游的开发遵循自然规律及当地的文化习俗，重视自然环境和文化资源的保护，因而能增强居民对当地文化的自豪感，使当地居民认识文化景观和传统文化的价值，让民间手工艺、饮食、古建筑、窑洞民宿等各种文化资源在旅游过程中得到保护并发扬光大。同时，发展乡村旅游对于文化遗产的保护也有更重要的意义。一方面，发展乡村旅游，可以挖掘、保护和传承优秀的乡村文化。另一方面，发展乡村旅游，有助于乡村吸收现代文明，形成新的文明乡风。游客将城市的新理念、新信息辐射到乡村，对村民素质和乡风民俗具有潜移默化的影响。此外，村民通过参与乡村旅游服务，掌握了先进的旅游服务知识的技能，综合素质全面提升。

后 记

党的十九大报告和《中共中央国务院关于实施乡村振兴战略的意见》明确指出，乡村振兴战略的总要求是"产业兴旺、生态宜居、乡风文明、治理有效、生活富裕"。在这五个方面的总要求中，乡风文明建设是乡村振兴的重要保障，是社会主义新农村建设的重要内容之一。而社会主义新农村建设的有效途径和重要抓手就是乡村旅游，因此乡风文明建设与乡村旅游发展目的具有内在的一致性和耦合性，乡风文明建设可以促进乡村旅游发展，乡村旅游发展反过来又可以带动乡风文明建设。《宁夏乡风文明建设与旅游》是宁夏回族自治区文化和旅游厅领导下由宁夏民族艺术研究所组织编写完成的。

本书共五章，近十五万字。各章节的具体分工是：第一章，由徐哲撰稿；第二章，由薛正昌撰稿；第三、四章由李百军撰稿；第五章，由刘沐言撰稿，统稿工作由刘沐言完成。为使本书能早日出版，各位作者广泛搜集并吸收相关研究成果，深入调研，反复编辑修改，付出了艰苦的努力，于2021年出版。

本书历时不到一年时间，时间匆忙，难免错漏，恳请读者批评指正。

编 者

2021年1月